LEMURIEN

ALTE SEELEN HEIMATEN

by
Jennifer Weidmann

Soul-To-Go

Band 1

SOUL-TO-GO

LEMURIEN

ALTE SEELEN HEIMATEN
BAND 1

LEKTORAT

Gabriele Röben

COVER DESIGN

Oliver Weidmann

LOGO SOUL-TO-GO DESIGN

Stevan Zivkovic

HERSTELLUNG UND VERLAG

BoD - Books on Demand, Norderstedt

BIBLIOGRAFISCHE INFORMATIONEN DER DEUTSCHEN NATIONALBIBLIOTHEK

Die Deutsche Nationalbibliothek verzeichnet diese Publikation in der Deutschen Nationalbibliografie; detaillierte bibliografische Daten sind im Internet über http://dnb.dnb.de abrufbar.

ISBN

9783754344125

URVERTRAUEN-AKADEMIE

Dein Reich für Seelen-Entwicklung und Seelen-Entfaltung
www.urvertrauen-akademie.de

ALTE SEELEN HEIMATEN

LEMURIEN

SOUL-TO-GO
BAND 1

IMPRESSUM

Jennifer Weidmann
Winderatt 4
24966 Sörup
Deutschland
jennifer@urvertrauen.de

BILDNACHWEIS

sämtliche Bilder und Fotos wurden
freundlicherweise gemeinfrei von den
Bilderplattformen pixabay und canva zur
Verfügung gestellt

ERSTVERÖFFENTLICHUNG

Oktober 2021

HINWEIS

Achtung: die Arbeit mit diesem Buch
ersetzt keine Behandlung beim Arzt oder
ausgebildeten Psychotherapeuten. Alle
Übungen übernimmt der Leser /
Kursteilnehmer auf eigene Verantwortung.
Es wird keine Haftung übernommen

WWW. URVERTRAUEN-
AKADEMIE.DE

Dein Reich für Seelen-Entwicklung und Seelen-
Entfaltung

FÜR

CREATIVE ART PAGE

ATLANTIS & DIE 13 STERNENHEIMATEN

SCAN ME

DEINE REISE ZU DEINEM SEELEN-URKERN - DEINE REISE NACH HAUSE

WILLKOMMEN

zu meiner Soulworkbook-Reihe
"Soul-to-go".

Ich habe die Reihe "Soul-to-go" geschaffen, um einzelne
Seelenthemen so kompakt und bereichernd wie möglich für
dich darzustellen.
Es ist ein Seelen-Arbeits- und Erfahrungsbuch.
Ein wertvoller Begleiter voller Inspirationen und Impulse für
dich, dein Leben, deinen Lebensweg und deine Schöpfung
der Realität.
Mögen diese Büchlein für dich segensreich sein.
Ich wünsche dir von Herzen ein großartiges und erfülltes
Leben.
Am Ende dieses Buches stelle ich dir das passende Seelen
Spray zum Themengebiet vor. Vielleicht hast du ja Lust, es dir
als Begleiter für dieses Seelenbuch zu gönnen.
Des Weiteren erweitern wir die Reihe "Soul-to-go" ständig.
Mehr Infos über diese außergewöhnliche Seelen-Reihe
erhältst du auf der Webseite
www.urvertrauen.de

Alles Liebe, deine

JENNIFER WEIDMANN
Seelen-Begleiterin

DAS BUCH

Dieses Buch ist mehr als
nur ein reines Lesebuch.
Ich lade dich ein, es dir
zu Eigen zu machen.
Schreibe rein, gestalte
die "creative art pages"
nach deinen künstler-
ischen Impulsen. Male,
bastele, schreibe ein
Gedicht oder eine
Geschichte hinein. Es
gibt viele Möglichkeiten,
deiner Seele Raum des
Ausdruckes zu
verschaffen. Probiere
dich aus.

DEIN SEIN

In den Soul-to-go
Büchern bist du
eingeladen, dich auf die
Reise zu dir selbst zu
begeben. Erlaube dir
dafür Raum und Zeit.
Tauche ein in deine
ureigene Seelenweisheit.
Es gibt dort viel zu
entdecken

DANKE

Ich danke dir, dass du
dich auf den Weg der
Seelen-Entfaltung
machst. Möge dein Licht
hell erstrahlen und die
Welt wandeln.

BEI FRAGEN

**KONTAKTIERE
MICH**
jennifer@urvertrauen.de

LEMURIEN

SEI WILLKOMMEN

LEMURIEN

ALLES IST KUNST

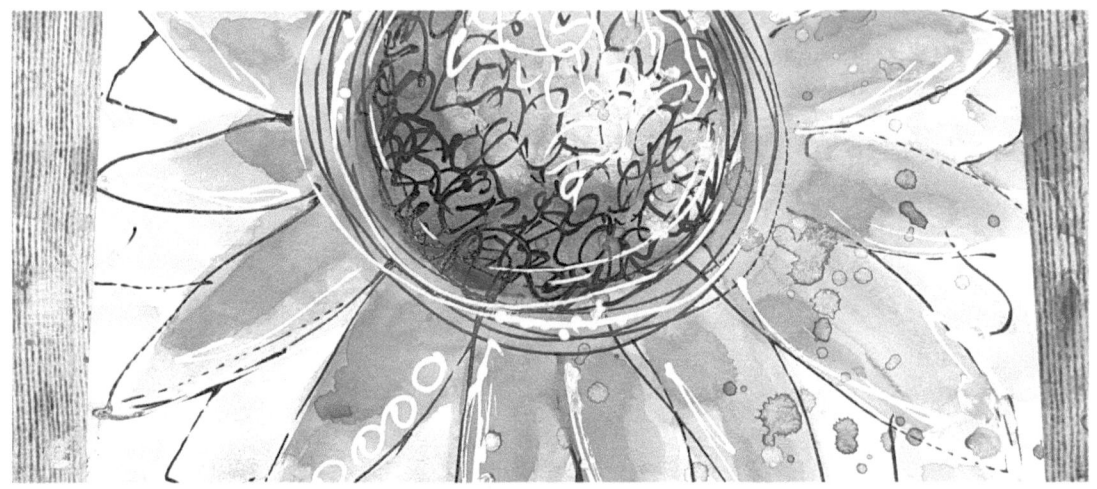

DIE 7 DINGE, DIE JEDE SEELE VON LEMURIEN LERNEN KANN

Hallo geliebte Seelen, dieses Buch ist entstanden aus einem außergewöhnlichen Projekt. Auf meinem Patreon Kanal durchwandere ich mit jeder Seele, die sich gerufen fühlt, die Hochkulturen der Alten Seelen bzw. der auf Gaia inkarnierten Sternenheimaten. Wenn du Interesse hast hier mit dabei zu sein: www.patreon.de/soulsis Wir schließen das ab, was wir einst in Atlantis versäumt haben bzw. nicht geschafft haben. Atlantis war die Möglichkeit, das Beste aus 12 Hochkulturen zu nehmen und in sein eigenes Seelen Sein zu integrieren, um wahrhaft zu erkennen, wir großartig die Seele ist. Es ist fast zu groß, um es in Worte fassen zu können und letztendlich geht es ja auch nicht um Worte, sondern um Verinnerlichen, Integrieren und Schöpfen.

DEN SEELENKERN ERKENNEN

SICH SELBST FINDEN

Mir ist dieses Projekt wirklich ein absolutes Herzensanliegen, und auch wenn du nicht Teil dieser Seelen-Gruppe auf Patreon bist oder sein möchtest, möchte ich dir mit dieser Soul-to-Go Alte Seelen Buchreihe zumindest Impulse mitgeben aus jeder einzelnen Hochkultur, die am Projekt Atlantis beteiligt waren. Für dich, dein Leben, die Erfüllung deiner Lebenszeit. Wenn du doch tiefer einsteigen möchtest in die jeweiligen Hochkulturen, die Einweihungswege gehen möchtest, dann kannst du jederzeit mit dabei sein, und zwar hier: www.patreon.com/soulsis

In dieser Ausgabe fangen wir an mit Lemurien. Als Einstieg möchte ich dir gerne 7 wunderbare Seelenqualitäten vorstellen, die wir von Lemurien geschenkt bekommen, die uns selbst erweitern und bereichern.

Möge dieses Buch segensreich sein für dich und deinen Lebensweg.

Herzensgrüße, deine Jennifer

1 KUNST

Die lemurianische Energie war die der Künstler. Sie waren Künstler, ihr Glaube von Gott war die eines Künstlers, um die Welt zu begreifen, den Lebenssinn zu verstehen, wählte man den Weg über die Kunst. Viel zu oft verbinden wir in unserer heutigen Zeit mit Kunst, den schrecklichen Kunstunterricht aus der Schule, mit Benotung, Bewertung, Abwertung. Mit Angst, es nicht zu können, nicht gut genug zu sein, aber vor allem auch mit dem Gefühl der Zeitverschwendung.

DIE SEELE ALS SCHÖPFER

SICH KREATIV AUSDRÜCKEN

Zu oft wurde uns gesagt, dass wir unsere Zeit mit etwas Sinnvollerem verbringen sollen, als mit Malen, Singen oder Musikmachen. Ja, vielleicht ist es gerade mal ein nettes Hobby, aber in Wirklichkeit soll man was Anständiges machen. Wie sehr wir die Kunst degradiert haben, hat die Corona Krise uns hervorragend vor Augen geführt. Es schien, als wäre Kunst wirklich das Unwichtigste überhaupt. Und das ist fatal. Verpassen wir doch die große Chance, Kunst als einen Weg der Erleuchtung, der Erkenntnis, der Selbstfindung und auch der Verbindung zu verstehen.

Doch für die Lemurianer war Kunst der essentielle Weg. Über Kunst in all seinen Formen und Varianten drückt man sich aus, lernte man sich selbst kennen, seine Schatten und sein Licht. Die Kunst als eine Form der Erleuchtung und der Einweihung.

Daher lädt dich die lemurische Energie ein, wieder anzufangen, dich für die Schätze der Kunst zu öffnen. Natürlich zuerst, dass du wieder anfängst, künstlerisch tätig zu werden. Probiere dich aus, nicht als Hobby, sondern als einen echten Selbst-Erkenntnisweg.

#2 KREATIVITÄT

Denn mit der Kunst kommt der zweite Seelen-Schatz, den Lemurien für uns bereithält. Es ist das Leben, deinen Lebensweg als einen beständigen kreativen Prozess zu verstehen und ihn auch so zu ergreifen.

KREATIV DEM LEBEN BEGEGNEN

LEBENSSCHÖPFUNG

Es liegt an dir, welche Farben du wählst. Ob dein Leben grau in grau sein soll oder bunt wie eine Farbexplosion, oder rosa oder rot. Du wählst aus allen möglichen Kombinationen aus und kreierst damit dein Lebensbild. Für Lemurianer war Gott ein Künstler, sie waren ein Teil von Gott und somit auch Künstler, die beständig am großen Bild des Lebens werkelten. Wenn wir uns wieder für die Kunst und damit einhergehend für die Kreativität öffnen, kann unser Leben wieder viel faszinierender werden, farbenfroher. Die Neugierde erwacht auf sich selbst, auf die noch nicht ausgeschöpften Möglichkeiten. Da, wo vorher der Weg als langweilig und völlig ausgetreten erschien, erscheinen plötzlich völlig neue, noch unentdeckte und unerforschte Pfade, die nur darauf warten, dass wir sie ausprobieren.

Fange an, dich selbst als Künstler deines Lebens zu verstehen und sei kreativ.

3 GENÜGSAMKEIT

Die lemurianische Energie wirkt fast wie eine Erleichterung in einer Gesellschaft, wo alle, wie es scheint, wie verrückt hinter dem Geld herrennen. Es muss immer noch mehr sein. Mehr von allem. Und dieses mehr zerstört den Planeten und irgendwie auch unseren Seelenfrieden. Das große Geschenk von Lemurien ist die Energie der Genügsamkeit.

BEWUSSTES KONSUMIEREN

HERZENSSTÜCKE

Man braucht keine 20 Tassen im Schrank, sondern eine ganz besondere von Hand mit Liebe hergestellte Tasse. Man braucht kein Haus mit 20 Zimmern als Statussymbol, sondern ein Heim, in dem die Seele sich wohlfühlt und ankommen kann. Man braucht nicht tausend Bekanntschaften, sondern die eine wahre Freundschaft. Man braucht nicht das 100 Euro teure Steak, sondern das, was einen wirklich auf allen Ebenen des Seins nährt.

Wenn man sich mit der lemurianischen Energie verbindet, kann man nach geraumer Zeit erkennen, wo man selbst der Möhre der Statussymbole und des Habens hinterhergerannt ist, und diese in Frieden gehen lassen. Man erkennt die Sinnlosigkeit, aber vor allem die Bedeutungslosigkeit dahinter.

4 BEDEUTUNG

Denn hier kommen wir zum nächsten wichtigen Punkt, den Lemurien uns schenken kann. Die Bedeutung hinter allem. Hinter jeder Begegnung, hinter jedem einzelnen Teil, welches du in deinem Haus hast, hinter jedem Schritt, den du in deinem Leben tust. Die Frage an allem lautet: Welche Bedeutung hat es für dich? Es geht darum, allem in deinem Leben Bedeutung zu geben. Es geht nicht mehr um Quantität, sondern um Qualität. Alles, was irgendwie nicht mit Bedeutung gefüllt werden kann, kann man getrost loslassen. Es engt nur die eigene freie Fläche für den Ausdruck der eigenen Kreativität ein.

FRIEDEN IM SEIN

DEN WERT IN ALLEM SEHEN

Die lemurische Energie ist sehr konträr zu der gerade von so vielen gelebten Energie. Sie steigt überhaupt nicht ein in das große Spiel „Konsum" und „mehr Schein als Sein".

Und wisst ihr was, das ist unglaublich befreiend. Ich liebe die lemurische Energie sehr. Bringt sie einem doch hier das Geschenk eben nicht mehr hinter „gesellschaftlichen Möhren" hinterherzurennen, sondern innezuhalten, um wahrhaftig herausfinden zu können, was einem wirklich wichtig ist im Leben und was nicht. Wenn man das erkannt hat, kann man plötzlich viel klarer, selbstbewusster und innerlich voller Frieden den eigenen Lebensweg beschreiten. Die Ablenkungen haben keinen Einfluss mehr auf das eigene Handeln.

#5 WERTSCHÄTZUNG

Mit der Bedeutung kommt dann die nächste Qualität, die uns Lemurien schenkt, ins Spiel. Wir fangen an, alles in unserem Leben wertzuschätzen. Wenn du alles loslässt, was bedeutungslos ist, hat der Rest, der noch bleibt, einen besonderen Wert für dich. Auf diesen Wert können wir uns konzentrieren. Und Wert ist für Lemurien selten ein materieller, sondern eher einer mit Erinnerungen, mit Gefühlen, mit Seele. Der Becher in deiner Hand hat einen Wert, weil es vielleicht ein Geschenk von deinem Liebsten war. Die Kette um deinen Hals hat einen Wert, weil sie dich daran erinnert, wie sehr du deine Oma geliebt hast.

DIE BEDEUTUNG DER DINGE

WERTSCHÄTZEN

Ja, vielleicht hat auch dein Ferrari einen Wert, weil er dich erinnert, wie die langen Jahre, wo du jeden einzelnen Pfennig in dein Business gesteckt hast, nun endlich Früchte getragen haben.

Du merkst, es geht nicht darum, nichts zu besitzen – das ist eine andere Hochkultur- sondern es geht darum, dass du dem, was du besitzt, einen Wert gibst. Und ja, dann kann es auch die prachtvolle Villa am Meer sein. Aber genau so wertvoll ist dann der Stein auf deinem Tisch, den du gefunden hast, als du ohne einen Pfennig Geld den schönsten Urlaub deines Lebens an der Ostsee gemacht hast.

Genauso wie Lemurianer die Dinge, die sie besitzen, wertschätzen, so wertschätzen sie auch andere Menschen und die Dinge, die diesen Menschen wichtig sind.

Ich weiß vielleicht nicht, warum du deinen Ferrari so wertschätzt, aber wenn du ihn wertschätzt, dann schätze ich ihn auch wert. So ungefähr ist das Credo. In der lemurischen Gesellschaft urteilt man nicht, und schon gar nicht verurteilt man oder wertet ab. Man kritisiert nicht und man weiß es nicht besser.
In Lemurien wird jeder gewertschätzt, ist er doch ein Teil des Göttlichen, der universellen kreativen Energie. So wird jeder geehrt für sein Sein.

ICH ZEIGE HEUTE MEIN BESTES

ICH BIN IMMER GUT GENUG

#6 SELBST WERT

Das bringt uns vielleicht zum größten Geschenk, das die Verbindung zur lemurischen Energie uns bringen kann: den Selbst-Wert. Für die meisten in unserer Gesellschaft ist gerade der Selbst-Wert ein echter Knackpunkt. Haben wir doch alle auf die eine oder andere Art die Erfahrung gemacht, dass das, was wir sind und was wir können, nicht gut genug, und daher nichts wert ist. Nichts lebenswert, nicht lobenswert, nicht unterstützenswert usw. Wir werden in den Kampf gegen uns selbst hinein-erzogen, weil unsere Eltern dort auch schon hineinerzogen wurden. Es scheint, als wüssten alle es nicht besser und spielen das Spiel, welches sie selbst so sehr verletzt hat, einfach immer weiter mit.

Lemurien zeigt uns einen Weg aus diesem Dilemma heraus. Für Lemurier ist jede Seele wertvoll und jeder Ausdruck dieser Seele wertvoll. Wenn du so startest ins Leben, wenn du so in einer Gemeinschaft groß wirst, dann ist dein Blick auf dich selbst ein ganz anderer. Ja, wirst du sagen, aber der Zug ist abgefahren. Ja, für deine Kindheit vielleicht. Aber für deine Kinder und Kindeskinder nicht. Es liegt an uns, welche Werte wir leben in unserer Gesellschaft. Es liegt immer an jedem Einzelnen von uns, was uns wichtig ist.

DAS LEBEN IST LEBENSWERT

DIE VOLLKOMMENHEIT IN DIR

Glaubst du wirklich, dein Kind produziert mit Absicht eine fünf im Mathetest? Glaubst du wirklich, dein Kind steht morgens auf und denkt: „Heute bin ich mal das abscheulichste Kind, welches ich nur sein kann?".

Glaubst du wirklich, es kräht noch irgendein Hahn danach, ob wir uns gut mündlich beteiligt haben im Unterricht? Nein. Und doch setzen wir hier Druckpunkte, die letztendlich einst uns selbst und dann unseren Kindern, das Gefühl vermittelt haben nicht liebenswert, nicht gut genug zu sein. Was für ein Wahnsinn.

Dies ist nur ein Beispiel von unendlich vielen, wie wir ständig unseren eigenen Selbst-Wert untergraben und auch den der Menschen, mit denen wir in Berührung kommen. So schlägt das Hamsterrad der Verletzung und des Kleinhaltens beständig wieder und wieder zu.

Lemurien zeigt uns, dass wir hier einfach aussteigen können. Wir dürfen alle Werte überdenken, um zu unseren eigenen Werten zu finden. Aber der größte Wert ist die Seele selbst.

Das Potenzial der Seele wird immer gewertschätzt. Was für ein außergewöhnliches Geschenk der lemurischen Energie. Das Tolle daran, wir müssen nicht warten, bis die Gesellschaft sich verändert. Es reicht, wenn wir uns ändern. Wir ändern die Energie und das kann man in jedem Augenblick seines Lebens tun.

KEIN GRUND ZU KÄMPFEN

DAS LEBEN FEIERN

#7 SEELEN-FRIEDEN

Mit dieser Änderung, vor allem des Selbst-Wertes, tritt das ein, was wir oft nicht benennen können, wonach wir uns aber alle sehnen: der Seelen-Frieden. In der lemurischen Gesellschaft war man im Seelen-Frieden. Kein Kampf, keine Ablehnung, keine Abwertung, kein Versagen, keine Fehler. Man war der Künstler des eigenen Lebens und man machte Erfahrungen. Man lernte von den anderen der Gemeinschaft, und das, was man konnte, gab man wiederrum an andere weiter. Jeder war wertvoll. Jeder hatte etwas Wundervolles für die Gesellschaft beizutragen. Es gab keinen sinnlosen Konsum, man rannte nicht irgendwelchen „Möhren" hinterher. Man war da, wo man war, immer am richtigen Ort, von dem aus man weiter schöpfte. Die Seele war im Frieden. Eine so großartige Energie.

Du fragst dich sicherlich, wie man diese Geschenke annehmen kann. Ganz einfach: Indem du anfängst, sofort, sie in deinem Leben anzuwenden. Wir müssen nicht einfach stur weitergehen. Wir können innehalten und wandeln. Wir können lernen, andere Gedanken zu denken, andere Gefühle zu fühlen, anders zu sprechen, anders zu handeln. Das Einzige, was du dafür brauchst, ist dein Wille, dies auch zu tun. So einfach und dochmanchmal so schwer.

Aber Veränderung, gerade zum Besseren, ist immer möglich.

Mögen die Impulse aus Lemurien, die ich dir hier in diesem Buch vorstelle, dir hierbei wertvolle Begleiter sein.

JENNIFER
WEIDMANN

LEMURIEN

15 TIPPS ZUR VERBINDUNG

EINTAUCHEN IN DIE HEIMAT

15 SCHRITTE ZUR HEIMAT-ENERGIE

Ich habe lange überlegt, wie ich die einzelnen Hochkulturen, Sternenheimaten für dich öffnen kann, jenseits einer geführten Seelen-Reise. Die Lösung ist, dass ich dich mitnehme in meine Praxis, wie ich mich mit den einzelnen Energien verbinde. Das ist meine tägliche Praxis seit Jahrzehnten und sie hat sich sehr bewährt.

Am besten versteht man eine Kultur, wenn man anfängt, ganz in sie einzutauchen. Sie lebt - das Damalige in unserer heutigen Zeit.

Ja, sicherlich wird einiges angepasst, damit es überhaupt kompatibel ist für unseren heutigen Lebensstil.

Aber letztendlich geht es ja genau darum. Die Energien von einst wieder hervorzuholen und in unsere jetzige Inkarnation zu integrieren. Sie lebbar und fühlbar zu machen. So bauen wir Verbindung auf und so öffnen wir Kanäle für noch mehr Informationen von der Seelenheimat, die unser Leben bereichern kann.

Ich liebe diese Arbeit sehr und hoffe, dass ich dir mit dieser Soul-to-go Reihe die großartigen Welten, aus denen wir kommen und die in uns leben, näher bringen kann.

Zu jeder Hochkultur, in diesem Buch die von Lemurien, werde ich dir 15 Tipps, Vorschläge, Schritte präsentieren, wie du eintauchen kannst in diese Kultur. Wie du sie für dich erlebbar und erfahrbar machen kannst.

Du musst nicht jeden einzelnen Tipp umsetzen und du bist völlig frei in der Reihenfolge, wann du was machen möchtest oder auch nicht.

Du bist frei - niemals vergessen. Du tust das, was dir gut tut und was sich stimmig anfühlt.

DANKBARKEIT

EINE TÄGLICHE PRAXIS ZUR ÖFFNUNG DES HERZENS UND DES SELBST-WERTS

DIE LEMURISCHE ENERGIE IST GEPRÄGT VON TIEFER DANKBARKEIT

Ich würde dir empfehlen, die nachfolgende Übung 21 Tage lang mindestens 1 x täglich, besser 2 x täglich zu machen. Keine Sorge, weder ist sie zeitaufwendig noch kompliziert durchzuführen. Es geht ganz easy. Das ist sowieso das große Motto der Lemurianer. Alles ganz leicht und im Flow. Wird es sperrig, zu schwer, zu kompliziert, dann halten sie immer inne, fokussieren sich, um wieder in den Floss zurückzukommen. Mit der lemurianischen Energie kann das Leben plötzlich ganz leicht und entspannt werden. Die nachfolgenden Übungen und Tipps möchten dich hierbei unterstützen.

Die Dankbarkeitsübung geht folgendermaßen. Denke dir vier Dinge, Sachen, Menschen aus, für die du dankbar in deinem Leben bist und die du jetzt 21 Tage lang ehren möchtest und formuliere diese in einem Ich bin Satz. Wie z.B.

#1 Ich bin dankbar für meine Gesundheit
#2 Ich bin dankbar für meinen liebevollen Partner
#3 Ich bin dankbar für meine großartigen Kinder
#4 Ich bin dankbar für mein wundervolles Leben,
Diese ersten vier überlege dir gut. Die bleiben jetzt 21 Tage lang fest bestehen.
Und dann hast du noch einen fünften, der sich täglich wandeln kann und darf.

DANKBARKEIT

MIT DER DANKBARKEITSÜBUNG VERBINDEN WIR UNS MIT DER FRIEDLICHEN, LIEBEVOLLEN SEITE IN UNS - SIE ÖFFNET DIE TÜREN FÜR EINEN SANFTEN, WERTSCHÄTZENDEN LEBENSWEG

Hast du deine vier Dankbarkeitspunkte, dann geht die Übung wie folgt, immer morgens vor dem Aufstehen gehst du deine vier Dankbarkeitssätze einmal durch und ergänzt sie mit einem 5., der dir für diesen Tag oder Augenblick wichtig erscheint. Abends, bevor du schlafen gehst, machst du das Gleiche. Du nimmst deine vier festen Dankbarkeitssätze und ergänzt sie mit einem 5. Das kann der Gleiche wie vom Morgen sein oder es ist ein ganz anderer.

Ja, das hört sich einfach an und ja, es ist einfach. Vielleicht hört es sich sogar zu simpel an, aber du wirst merken, es wird Tage geben, wo es nicht so leicht ist. Vielleicht ein Tag, wo du dich mit deinem Partner gestritten hast, wo dir deine Kinder tierisch auf den Keks gegangen sind, wo dein Körper schmerzt und dann sollst du dankbar dafür sein? Ja. Dran bleiben.

Diese Übung hilft dir fokussiert, auf deiner Seelen-Weisheit oder eher gesagt auf deiner Seelen-Liebe zu bleiben. Es gibt halt Tage, wo es mal wackelt, aber die tiefe, verbindende See darunter, die nährt sich aus Dankbarkeit und lässt uns auch die größten Stürme an der Oberfläche in Ruhe und Gelassenheit meistern. Irgendwann geht die Übung uns in Fleisch und Blut über und es wird ganz selbstverständlich, nicht nur morgens und abends, sondern durchweg in der Dankbarkeit zu verweilen.

SELBST-WERT

ECHTE WERTSCHÄTZUNG FUNKTIONIERT NUR, WENN DU DICH SELBST WERTSCHÄTZEN KANNST

DIE LEMURISCHE ENERGIE IST IM FRIEDEN MIT DEM SELBST WERT UND TRÄGT TIEFE WERTSCHÄTZUNG IN SICH

Auch diese Übung würde ich dir empfehlen, 21 Tage zu durchlaufen. Gerade beim Selbst-Wert fangen wir fast alle an zu wackeln. Zu tief sind die Glaubenssätze in uns verankert, wir wären nicht gut genug, nicht wertvoll genug, nicht liebenswert genug, nicht schlau genug, nicht dünn genug, nicht hübsch genug, nicht reich genug, nicht talentiert genug. Die Liste lässt sich wohl ewig so weiterführen. In Lemurien war Selbst-Wert kein Thema. Jeder war perfekt so, wie er war und hat mit diesem Sein die Gemeinschaft vervollständigt.

Niemals wurde man kritisiert oder klein gemacht, auch die kleinsten Menschen in der Gemeinschaft nicht. Man war immer willkommen, so wie man in dem Augenblick war. Fertig. Man fühlte sich immer gewertschätzt und gesehen. Eine ganz wundervolle Energie und ich glaube, wir alle tragen die tiefe Sehnsucht in uns, so unser Selbst und unser Leben zu erfahren. Immer willkommen sein - immer geschätzt werden - immer das Beste in uns sehen. Das motivert, das Beste auch wirklich immer zu machen und zu sein. Man darf Fehler machen. Es ist kein Drama. Man darf Lernen und Schüler sein und fühlt sich doch begabt.

SELBST WERT

MIT DIESER ÜBUNG FANGEN WIR AN, UNSEREN SELBST WERT ZU STÄRKEN UND BRINGEN DADURCH AUCH DIE ENERGIE VON LEMURIEN IN UNSER LEBEN

Wieder ist die Übung ganz einfach umzusetzen, hat aber einen riesigen Effekt darauf, wie du dich selbst siehst. Du nimmst den Punkt, mit dem du am meisten zu kämpfen hast in deinem Leben, wie z.B. kein Geld haben oder dick sein, oder krank sein. Nimm bitte nur einen Punkt, und zwar den, der am allermeisten drückt. Sei hier ganz ehrlich mit dir selbst. So ziehst du am meisten aus dieser Übung.

Aus deinem "Drückpunkt" machst du jetzt einen "Ich darf" Satz, wie z.B. "Ich darf dick sein!" - "Ich darf arm sein!" - "Ich darf krank sein" - "Ich darf tollpatschig sein!" - "Ich darf niedlich sein" - "Ich darf Fehler machen!" usw - was immer jetzt das Passendste für dich ist.

Diesen Satz sagst du dir von nun an dreimal am Tag einmal vor. Wenn du es schaffst, gerne vor einem Spiegel, und zwar dann mit Augenkontakt. Schau dir in die Augen und dann sagst du laut oder leise deinen "Ich darf" Satz.

Durch diese Übung nimmst du den Kampf aus deinem Leben, den Kampf mit dem Geld, mit dem Gewicht, mit dem Leisten müssen usw. Du darfst dick sein, du darfst arm sein, du darfst naiv sein. Du darfst - bringt Frieden und Ruhe in das System. Hört der innere Selbst-Kampf auf, können wir über kurz oder lang auf die Spur des inneren Friedens kommen und fangen an, uns selbst wertzuschätzen. Eine großartige Übung. Möge sie segensreich für dich sein.

WERTSCHÄTZUNG

DURCH DEN SELBST-WERT KÖNNEN WIR ANFANGEN, ECHTE WERTSCHÄTZUNG FÜR ALLES, WAS IST AUFZUBAUEN

LEMURIEN TRÄGT EINE TIEFE WERTSCHÄTZUNG FÜR ALLES, WAS IST IN SICH

Je mehr du in deinem Selbst-Wert ankommst, desto besser kannst du Dinge, Menschen, Situationen usw. wertschätzen. Davor sind es oft Lippenbekenntnisse und das tiefe Gefühl der Verbundenheit dahinter fehlt. Du wirst den Unterschied merken.

Die Lemurianer wertschätzen alles. Den Pinsel, den sie in den Händen halten. Die Leinwand, die sie bemalen dürfen. Die Zuschauer, die ihnen dabei zugucken. Der Meister, der sie lehrt und der Schüler, der von ihnen lernt.

Sie schätzen das Leben an sich. Es ist immer wertvoll und daher wird mit allem achtsam und respektvoll umgegangen. Vielleicht fühlst du schon, wie tief diese lemurische Energie geht.

In Lemurien benutzt man nichts eben mal schnell, schnell, sondern immer in tiefer Dankbarkeit und Wertschätzung. Man ehrt die Farben, die man auf die Leinwand bringt, den Ton, den man in seinen Händen halten darf. Das Essen, welches man zubereitet und essen darf. Alles wird gesehen und geschätzt. Dieses Verbundensein mit allem bringt einen tiefen Frieden und eine tiefe Achtsamkeit mit sich.

WERTSCHÄTZUNG

ICH EHRE DAS GÖTTLICHE IN MIR UND IN ALLEM, WAS IST

Wieder ist die Übung an sich ganz einfach und schnell umzusetzen, aber die Energie dahinter kann deine Welt komplett verändern.

Unser Alltag sieht in der Regel so aus, dass wir viele Dinge und Lebewesen als selbstverständlich nehmen und daher häufig relativ achtlos behandeln.

Unsere Wohnungen sind vollgestopft mit Dingen, die wir nicht wirklich wertschätzen, obwohl wir dafür viel Geld ausgegeben haben. Achtlos liegen sie irgendwo rum, werden nicht benutzt, stauben ein usw.

Diese Übung lädt dich ein, wieder 21 Tage lang, dir jeden Tag ein Teil aus deiner Wohung zu nehmen und es wertzuschätzen. Das hört sich crazy an? Ja, ist es vielleicht auch zuerst. Aber diese Übung bringt uns dahin, die Dinge, die wir uns leisten und denen wir Platz in unserem Leben einräumen, wirklich zu schätzen.

Einen Tag nimmst du vielleicht deinen Lieblingskugelschreiber. Jedes Mal, wenn du ihn in die Hand nimmst, denke "ich ehre dich". Oder deine Handtasche - "ich ehre dich" usw. 21 Tage - 21 Dinge. Und dann kannst du es auch fortsetzen und anfangen, alles zu ehren, mit dem du im Laufe eines Tages in Berührung kommst.

Das bringt dann die Energie mit sich, dass wir viel bewusster mit allem, was in unserem Leben ist, umgehen. Sicherlich werden wir auch feststellen, wie voll zum Teil unser Leben ist mit Dingen, die wir nicht wirklich wertschätzen.

WERTSCHÄTZUNG

HOLE NUR DAS IN DEIN LEBEN, WAS DU AUCH IN EHREN HALTEN UND WERTSCHÄTZEN KANNST

LEMURIEN HÄLT ALLES IN EHREN UND ERKENNT DEN WERT DAHINTER

Vielleicht könnte man die lemurianische Kultur als genügsam bezeichnen, aber es hat eher mit ganz viel Wertschätzung zu tun.

Alles wurde mit Liebe und Wertschätzung hergestellt - jeder einzelne Teller, jede einzelne Vase, jedes einzelne Kleid - und so hat man es auch behandelt -mit tiefer Wertschätzung, weil jemand anderes dafür sein Talent, seine Zeit und seine Energie eingebracht hat - das wurde geehrt. Wenn wir diese Tugend von Lemurien wieder in

unser Leben holen, wirst du merken, mit wie wenig man eigentlich auskommt. Man braucht keine 30 Tassen im Schrank - es reichen 5 und die sind aber besonders und für dich bedeutungsvoll. Vielleicht braucht man auch keine 30 paar Schuhe mehr im Schrank, sondern zwei, aber die wurden mit echtem Kunsthandwerk für dich hergestellt usw.

Wir fangen an, anders zu "konsumieren". Wir steigen aus dem Spiel der Wegwerf- und Shopping Gesellschaft aus und geben jedem Ding wieder einen besonderen Wert.

Der Weg lohnt sich sehr.

ACHTSAMKEIT

IN LEMURIEN WIRD ALLES ACHTSAM BEHANDELT

ACHTSAM GEHEN WIR DEN WEG DES LEBENS

Aus den Übungen Dankbarkeit, Selbst-Wert und Wertschätzung ergibt sich die folgende Übung fast wie selbstverständlich. Es die Einladung der tiefen Achtsamkeit in deinem Leben.

Unsere Kultur hat diese tiefe Weisheit der Lemurianer fast vergessen. Wenn man eine oder 10 Massenproduktionstassen im Schrank hat, dann macht es nichts, wenn eine davon herunterfällt und kaputtgeht. Wir müssen hier nicht achtsam sein.

Wenn du aber eine Tasse, ein Unikat, etwas, was für dich eine persönliche Bedeutung hat, herunterfallen lässt, dann sieht das Ganze schon anders aus und wir werden viel, viel achtsamer mit diesem besonderen Stück umgehen.

Diese Unterscheidung gab es für Lemurianer nicht. Alles wurde achtsam behandelt, Mensch, Tier, Pflanze und Dinge. Alles war wertvoll. Ja, es gab auch keine Massenproduktion, aber das hätte für einen Lemurianer keinen Unterschied gemacht. Es wurden Rohstoffe verwendet, ein Mensch hat Zeit und Energie hineingeteckt, aber vor allem es existiert. Und alles, was existiert, wird achtsam behandelt. Das ist fast eine Grundmaxim von Lemurien.

ACHTSAMKEIT

ALS SCHLÜSSEL FÜR EIN STRESSFREIES UND WERTVOLLES LEBEN MIT ECHTER VERBUNDENHEIT

Letztendlich geht es bei dieser Übung darum, das "Schnell-Schnell" immer mehr aus unserem Alltag zu verbannen und uns ganz auf das, was wir gerade tun, einzulassen. Also nicht eben mal schnell essen kochen, mit dem Hund Gassi gehen, einkaufen gehen usw.

Beobachte dich in den kommenden Tag selbst mal immer wieder. Packst du die Lebensmittel in deinen Einkaufswagen mit Achtsamkeit? Kochst du mit Achtsamkeit oder bist du in Gedanken schon wieder bei etwas ganz anderem? Kontrollierst du deine Whats-app Nachrichten, während du Fernsehen schaust oder ihr gerade essen geht?

Wir tanzen mittlerweile auf allen Hochzeiten und sind nie wirklich ganz bei der Sache. Diese Übung lädt dich ein, zumindest einen Tag dich immer komplett auf das einzulassen, was du gerade tust, und nicht nebenbei noch etwas Zweites zu machen. Den ganzen Tag lang bei allem, was du tust.

Ich finde, dass dies ein großartiges Geschenk der lemurischen Energie ist und dein Leben entschleunigen kann und echte Erlebnismomente schafft. Wir fangen an, uns wieder mehr mit dem, was wir tun, zu verbinden. Nur so können wir auch wirklich feststellen, womit wir uns wohl fühlen und womit nicht, weil alle Vermeidungsstrategien wegfallen.

KUNST

KUNST ALS EINE FORM DER EINWEIHUNG

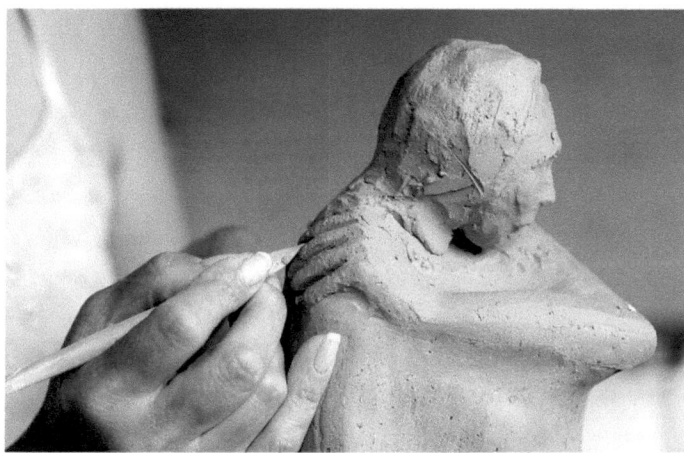

DIE KUNST LEHRT MICH KREATIV ZU SEIN

Das ist wohl die Hauptlebensader der Lemurianer: die Kunst. Alles ist bei ihnen Kunst. Nicht nur die klassischen Künste, wie wir sie kennen, wie Malen, Singen, Komponieren, Schreiben usw. Nein, für sie ist die Gestaltung des Lebens an sich eine Kunstform.

Schulst du deine Kreativität auf künstlerische Art und Weise, schulst du damit auch dein Können mit der Entwicklung deines Lebens kreativ umgehen zu können.

Künstlerisch aktiv zu sein, strömt durch jeden Lemurianer wie eine Urquelle. Möchtest du Lemurien wirklich verstehen, dann ist es essentiell wichtig, künstlerisch aktiv zu werden.

Kunst kann man in verschiedene Richtungen ausleben. Daher ist die Übung für diesen Tipp: Such dir für eine Zeit lang eine künstlerische Tätigkeit und lerne, lerne, lerne. Den Lemurianern war immer klar, dass man nie zu Ende ist mit dem Lernen, dass man immer noch besser werden kann. Dass ein Meister auch immer noch ein Schüler ist und dass ein Meister auch von seinen Schülern selbst lernen kann und ein Schüler sich immer verschiedene Meister sucht, um sein Spektrum zu erweitern. Es gab keinen Neid und auch keinen Konkurrenzkampf. Kein Bewerten, kein Beurteilen.

KUNST

EINTAUCHEN IN DEN FLOW

Für viele von uns ist heute Kunst durch Noten an der Schule oder Bewertungen der Eltern negativ vorbelasteT. Wir haben so oft verlernt; einfach in den Flow des kreativen Ausdrucks zu kommen. Verträumt wie ein kleines Kind eintauchen in die Welt der Farben, des Klanges, der Wörter wurde uns abgewöhnt und schlecht gemacht. Lemurien öffnet seine Arme und lädt dich ein, das Antrainierte wieder fallen zu lassen und dich zu öffnen für deinen inneren Künstler. Gib ihm Raum zur Entfaltung.

Vielleicht möchtest du malen, ein Instrument spielen, schreiben, dichten, mit Ton arbeiten, Schmuck herstellen. Es gibt so unfassbar viele Möglichkeiten; deiner Seele ihren künstlerischen Raum zu geben. Fang jetzt an. Wenn du nicht weißt, in welche Richtung es gehen soll, dann fang einfach an, dich auszuprobieren. Es gibt mittlerweile so viele gute Tutorials frei erhältlich online. Probiere dich hier aus, um herauszufinden, wohin es deine Seele im künstlerischen Aspekt jetzt zieht. Wenn du dich fragst, was das für einen Sinn haben soll, dann lies auch unbedingt den nachfolgenden Tipp, wie du dich mit der lemurianischen Energie verbinden kannst.

Aber nicht vergessen, ohne Kunst lässt sich Lemurien nicht wirklich verstehen und auf Seelenebene erfassen. Sie sind alle Künstler.

KREATIVITÄT

DAS LEBEN SELBST ALS STETIGER KREATIVER PROZESS

DAS LEBEN AUS SICHT EINES KÜNSTLERS

Die nächste Übung ist eine Einladung, dein Leben so viel kreativer zu gestalten und auch den Mut zu entwickeln viel mehr Farbe in dein Leben zu bringen. So viele haben das Gefühl, im Alltagsgrau zu ersticken. In so vielen Berufen ist kein Platz für eigene Kreativität. Und doch kannst du anfangen, deine Lebenszeit kreativ zu gestalten.

Wir nehmen oft alles als irgendwie gegeben an. Kaufen Waren aus Massenproduktion - unsere Möbel, unser Geschirr, unsere Kleidung. Alles alltagsgrau, selbst wenn es farbig ist.

Die Einladung lautet heute, fang an einen Weg zu finden deine Individualität noch mehr kreativ auszudrücken, in dem wie du dich kleidest, wie du dich einrichtest, wie du isst, wie du schläfst usw.

Ein "so macht man das" und "so haben wir das schon immer gemacht" hat in Lemurien keinen Bestand. Der Flow zeigt einem, wie ein Fluss, dass er nicht immer gerade verläuft, nicht immer konstant gleich schnell, nicht immer gleich gefüllt ist. Es gibt ständige Schwankungen und Veränderungen. Der Lebenskünstler lernt mit diesem Flow zu fließen und aus allem was kommt ein Kunstprojekt zu machen. Er macht aus allem das Beste, was ihm derzeit möglich ist. Lemurianer sind Lebenskünstler. Sie entwickeln sich immer weiter, sie sind neugierig auf das eigene Leben.

KREATIVITÄT

ZEIT, FARBE IN DAS EIGENE LEBEN ZU BRINGEN

Achtung es geht jetzt nicht darum, ein Paradiesvogel zu werden - obwohl das natürlich auch erlaubt ist. Lemurianer sind eigentlich nie schrill, grenzüberschreitend oder provokativ. Bei ihnen findest du eher die "schönen Künste". Es geht um Harmonie, es geht um Frieden, um freies Fließen, um die Lebensleinwand, die schön gestaltet werden möchte. Das spiegelt eher die lemurianische Energie wieder.

Die Übung: Beobachte dich ruhig mal die nächsten Tage. Wie bunt ist dein Leben? Wie harmonisch? Wo steckst du vielleicht im Alltagsgrau fest? Die Einladung, finde aufgrund deiner Erkenntnisse Wege, dein Leben kreativer zu gestalten, künstlerischer. Bring einfach mehr Seelen-Farbe in deine Welt.

Wie, singe laut beim Ausräumen deiner Geschirrspülmaschine. Dekoriere deinen Tisch fürs Abendessen - jeden Tag, nicht nur wenn Gäste kommen. Bring Harmonie ins Äußere und ins Innere und du wirst dich selbst in die Lage versetzen, mit schwierigen Situationen viel kreativer auseinander setzen zu können, weil du offen bleibst für neue Möglichkeiten, die der logische Verstand nicht immer erkennen kann.

Ein kreatives Leben ist ein Schlüssel für mehr Lebensfreude und Wohlbefinden in dieser Inkarnation. Lemurianer sind Meister darin, in Harmonie zu leben. Werde zum Künstler deines Lebensbildes.

ESSEN WIE LEMURIER

DAS, WAS DIE NATUR UNS SCHENKT

STRESSFREI, FLIESSEND, EINFACH

Ich persönlich finde es immer sehr hilfreich, mich mit einer Hochkultur bzw. Sternenheimat auch über das Essen zu verbinden, soweit es geht und möglich ist.

Die Esskultur Lemuriens ist zum Einstieg bestens geeignet. Es gibt Kulturen, wo Essen einen recht zentralen Stellenwert hat. Das ist bei Lemurianern nicht so.

Sie essen ausschließlich Lebensmittel, die direkt in der Natur wachsen, und zwar so wie sie sind. Das war auch in ihrem Heimatsternensystem Kassiopeia möglich, da dort die Natur äußerst üppig war und ein vielfältiges Angebot an Früchten zur Verfügung stellte. Hingegen ist das Angebot auf der Erde

doch recht begrenzt. Lemurianer kochten nicht, betrieben keine Vorratshaltung, hatten keine gemeinsamen Ess-Zeiten, kochten nicht auf Feuer. Man traf sich zu gemeinsamen künstlerischen Aktivitäten und nicht zum Essen. Hatte man Hunger, nahm man sich aus der Natur das, worauf man Schmeck hatte und aß es. Ganz einfach. Das Klima auf Kasseopeia erlaubte es, so das ganze Planetenjahr zu leben. Das Klima war immer gleich. Gleich milde, warm und angenehm. Das Essen war leicht und wenig, aber ausreichend. Mit Dankbarkeit der Natur gegenüber.

OBST, FRÜCHTE, KRÄUTER

DAS, WAS UNS GAIA SCHENKT

Wir können bei den Hochkulturen nur begrenzt das Essen widerspiegeln, bietet Gaia immer nur eine begrenzte Auswahl dessen, was auf den Heimatplaneten vorhanden war. Aber trotz allem ist Gaia unglaublich vielfältig. Möchtest du ein wenig eintauchen in die Esskultur der Lemurianer, dann wäre Rohkost mit dem Schwerpunkt Früchte, bzw. alles was in der Natur frei wächst ohne konventionellen Anbau, die beste Wahl.

Das funktioniert in unseren Gefilden am besten in den Sommermonaten, wenn unsere Bäume und Sträucher voll von leckersten Früchten hängen und auch Wildkräuter und Gemüse ihre Hochzeit haben.

Das typische "Winteressen" ist für Lemurianer eigentlich viel zu schwer. Wenn die lemurianische Energie in dir wieder erwacht, zieht es einen in der Regel sowieso in wärmere Gefilde, wo es das ganze Jahr über möglich ist, sich von den Früchten der Natur zu ernähren.

Bei allem, was die Lemurianer sich von der Natur nehmen, bedanken sie sich jedes Mal. Nichts wird verschwendet, man nimmt nur so viel, wie man gerade braucht und fertig. Das ist im Hier und Jetzt nicht immer so leicht umzusetzen. Aber ein Tag oder eine Woche Rohkost mit Schwerpunkt Früchte, können uns einen kleinen Einblick in das Körpergefühl Lemuriens verschaffen.

NATURVERBINDUNG

ÜBER KUNST

VERGÄNGLICH UND FÜR DEN AUGENBLICK

In einer auf Kapital fixierten Gesellschaft erschaffen wir selten etwas, was nur für den Augenblick währt. In einer Gesellschaft, in der das Motto "Zeit ist Geld" einen antreibt, stellt sich immer die Frage: "Was bringt mir ein Kunstwerk, was keinen Bestand hat, kein Geld bringt, was wieder vergeht!".

Dies ist ein völlig konträres Denken zum lemurianischen. Wenn du dir keine Sorgen machen musst um die Finanzierung deines Lebens, einfach weil alles da ist. Wenn du keinen inneren Mangel, keine Existenzsorgen hast oder dich arm fühlst, dann schöpfst du ganz anders, viel freier. Daher ist es auch so segensreich, sich mit der lemurischen Energie wieder zu verbinden, weil sie dir genau dass

Gefühl wieder schenken kann. Die Einladung dieser Übung ist, einzutauchen in "Land-Art". Damit ist gemeint, dich eine Zeit lang in die Natur zu begeben und aus den Materialien, die du findest, Kunst für den Augenblick zu erschaffen. Wie oben auf dem Bild zu sehen, kannst du am Meer Steine aufeinander bauen oder aus Blättern, Eicheln usw ein Mosaik auf den Boden zaubern. Und zwar ohne Zeitdruck, ganz frei, in Verbindung mit der Natur und den Materialien, die du von Gaia geschenkt bekommst. So lernst du, der Natur zu lauschen und dich mit ihr auf lemurische Art zu verbinden.

GELD FREI

BEWUSSTER UMGANG MIT DEN RESSOURCEN

SICH IMMER VERSORGT FÜHLEN

In Lemurien oder auf Kasseopeia gab es kein Geld und auch keinen Tauschhandel. Man lebte zusammen in einer überschaubaren Gemeinschaft, und das, was man brauchte, wurde hergestellt ohne dafür eine Gegenleistung erbringen zu müssen. Jeder hat etwas für die Gemeinschaft, das, was er eben konnte, bereitgestellt. Es gab in diesem Sinne auch keinen Besitz.

Aus unserer heutigen Sicht mag das lemurische Leben einfach gewirkt haben, aber es war so unendlich frei, ohne Leistungsdruck, ohne Geld-druck, ohne Schaffensdruck.

Wenn die lemurische Energie in dir erwacht, kann eine tiefe Sehnsucht nach dieser vergangenen Art

und Weise zu leben und der Gemeinschaft in dir erwachen.

Wir erkennen dann die Unsinnigkeit, wie blöde hinter dem Geld her-zurennen ist. Auch das große Mantra der "finanziellen Freiheit", die nur über eine große Summe Geld funktioniert, entpuppt sich irgendwann als lächerlich.

Für Lemurien war dies niemals ein erstrebens-wertes Lebenskonzept. In ihren Augen macht Geld einen abhängig, versklavt einen und kann zu sehr viel Leid führen. So wurde eine Gesellschaft frei von diesem Konzept aufgebaut, und es funktionierte.

FRIEDEN MIT DEM GELD

DIE ENERGIE TRANSFORMIEREN

Der Umgang mit Geld kann eine große Hürde sein, wenn dein Seelenursprung Lemurien ist und wir leben derzeit noch in einer Gesellschaft, wo wir nur schwerlich wieder komplett frei ohne Geld leben können. Was kann man also machen? Mein Tipp wäre, mehr und mehr den "Kampf" mit dem Geld fallen zu lassen. Ich weiß, das hört sich leichter an, als es getan ist. Aber die Grundenergie von Lemurien ist immer friedlich, im vollen Vertrauen auf die Weisheit der Seele und den Fluss des Lebens.

Daher möchte ich dir hier gerne noch mal mein Geld-Ritual vorstellen, solltest du es noch nicht kennen und es von nun an praktizieren, bis es dir in Fleisch und Blut übergegangen ist. Wenn wir das Geldsystem noch nicht wandeln können, dann können wir zumindest die Energie hinter dem Geld für uns positiv transformieren. Vielleicht scheint dir das Ritual sehr simple und dein Verstand hat wieder gute Ideen, warum das gerade bei dir nicht funktionieren kann. Aber ich sage dir, es wird funktionieren, wenn du dranbleibst und wenn du dich mit deiner lemurischen Seelen-Weisheit verbindest. Ja, das ist auch möglich, wenn Lemurien nicht deine Heimatkultur ist.

Und als weiterer Tipp: lieber weniger dafür wertvoll, als viel und dafür Schrott. Das geht vielleicht nicht sofort, aber nach und nach.

GELD-LICHT-RITUAL

DU GIBST DEM GELD SEINEN WERT UND SEINE QUALITÄT

LASS DIE ANGST VOR DEM GELD LOS

Wenn du die Seelen Sprays "Liebe" und/oder "Reichtum" hast, kannst du diese als Unterstützung mit einsetzen. Es geht aber auch ohne und ist ganz einfach.

Nimm dein Bargeld aus deinem Portemonnaie und deine Bezahlkarte/n.

Wenn du das Spray "Liebe" hast, sprühe das Geld und die Karte leicht damit ein. Halte es nun in deinen Händen. Schließe die Augen, atme ruhig ein und aus und dann denke innerlich: "Möge dieses Geld Licht und Segen in die Welt bringen" und dann fühle, wie dieser Gedanken durch dein System in deine Hände zu dem Geld und der Bezahlkarte fließt. Denke diesen Satz ruhig öfter. Hülle dich und dein Geld/Kreditkarte vollständig damit ein.

Dann nimmst du das Reichtumspray und sprühst wieder ganz leicht Geld und Karten damit ein. Nimmst es wieder in deine Hände. Schließt deine Augen und denkst dieses Mal: "Möge dieses Geld lichtvoll in die Welt gehen und siebenfach zu mir zurückkommen!" Wieder vom Kopf in dein System in deine Hände hin zum Geld und der Kreditkarte. Einhüllen, aufladen. Fertig. Du kannst zur Verstärkung jetzt immer, wenn du bezahlst, kurz denken "Möge dieses Geld Licht und Segen in die Welt bringen und möge es siebenfach zu mir zurückkommen!" Das ist Energiearbeit. Viel Freude damit.

GENÜGSAMKEIT

... IST ETWAS ANDERES ALS SICH EINFACH NUR ABFINDEN!

WAS ZÄHLT WIRKLICH IN DEINEM LEBEN?

Die Lemurianer sind sehr genügsam. Sie brauchen keinen großen Palast, kein fettes Auto, keine dicken Geldbündel in der Tasche. Sicherlich bricht manchmal das Ego durch, das einem einflüstert, wie schön es wäre, all den Pomp zu besitzen, aber tief innerlich weiß jeder Lemurianer, dass das niemals die wahre Erfüllung bringt. Dass das Materielle nur eine kurzfristige Befriedung auslöst und der Hunger dahinter mit Geld und Luxus nicht gestillt werden kann, jedenfalls nicht für die lemurische Seele im Gegensatz zu einer babylonischen Seele.

Daher ist es für eine lemurische Seele wichtig, irgendwann im Leben aus dem Spiel "hinter dem Geld und dem Materiellen herzurennen" auszu-steigen. Wenn das Geld doch zu einem strömt, ist das schön, aber nicht existenziell. In der lemurischen Seele lebt eher die Sehnsucht nach Einfachheit, nach überschaubaren Besitztümern. Ein Tiny-house, zwei paar Schuhe, 10 Bücher, einen schönen Becher usw sind völlig ausreichend. Ein Lemu-rianer lebt tat-sächlich eher nach dem Motto "es reist sich besser mit leichtem Gepäck". Materialität ist für einen Lemurianer eher bedeu-tungslos. Er schätzt die wenigen Dinge, die er hat, aber die genügen auch. Sie wurden mit Sorgfalt zusammengesucht.

WÜNSCHE, ZIELE, TRÄUME

WIE GROSS MUSS ES SEIN?

Achtung in dieser Übung geht es nicht darum, deine Wünsche, Ziele oder Träume klein zu halten. Es geht darum, wirklich nachzufühlen, wie groß, pompös oder materialistisch brauchst du es wirklich.

Die Einladung für diese Übung ist es, in den kommenden Tage genau darüber nachzudenken. Warum soll es z.B. unbedingt ein Ferrari sein? Ist es dein Ego, welches den haben möchte oder würde dich das tatsächlich über längere Zeit erfüllen, so ein Auto zu haben? Nochmal, es geht nicht darum, deine Träume zu negieren oder abzuwerten. Wenn deine Seelenheimat Babylonien ist, dann wirst du ganz klar fühlen, dass es der Ferrari mit Luxusvilla und Pool und einer Million Euro auf dem Konto sein muss. Und das darf dann auch unbedingt so sein. Aber ein Lemurianer tickt so nicht. Er braucht keine Statussymbole und er ist auch mit Statussymbolen nicht zu beeindrucken oder zu bewegen, sich selbst zu verkaufen. Für jeden ist Wolke 7 etwas anderes. Und wenn du ein Gefühl für Lemurien entwickeln möchtest, dann probiere die Genügsamkeit ruhig mal eine Weile aus. Du verrätst dich damit nicht selbst, du lernst nur eine andere Sicht auf die Dinge kennen. Nicht vergessen, es gibt hier kein besser oder wertvoller, nur unterschiedliche Bedürfnisse, die Erfüllung bringen. Viel Freude, dich lemurianisch auszuprobieren.

LEICHTES GEPÄCK

WAS KANNST DU JETZT LOSLASSEN

DIE BEDEUTUNG DER DINGE

Wie wir es schon bei Tipp 10 kennen gelernt haben, braucht ein Lemurianer nicht viel, um sich wohl zu fühlen. Er umgibt sich allerdings gerne mit Kunstbildern, Skulpturen und anderen von Hand hergestellten Dingen, wie die schöne Tasse vom Handwerkermarkt. Diese Dinge ehrt er, behandelt sie wertschätzend und passt gut auf sie auf.

Er rummelt sich nicht voll mit Dingen, die eigentlich überhaupt keinen Wert für ihn haben. Aber das, was er hat, hat alles einen Wert für ihn. Das gemalte Bild eines der Kinder, etwas Gebasteltes für den Muttertag usw. Lemurianer verbinden mit ihren materiellen Gegenständen Erinnerungen an Menschen, Lebensereignisse, schöne Momente, Transformationen usw.

Die Dinge, die ein Lemurianer hat, sagen etwas über seinen Lebensweg aus. Es ist nicht einfach nur angehäuft, sondern mit Bedacht aufbewahrt. Das ist ein großer Unterschied und das dürfen alle anderen Hochkulturen gerne von den Lemurianern lernen: den Wert bzw. die Bedeutung hinter den Dingen.

Die Wohnung eines Lemurianers ist nicht vollgestopft mit irgendwas, sonder immer mit Besonderheiten und jedes Teil erzählt eine Geschichte, hat eine Bedeutung. So wird die Wohnung eines Lemurianers ein großes Tagebuch.

GIB DEN DINGEN EINE BEDEUTUNG

DEINE REISE DURCH DIESE INKARNATION

Auch diese Übung ist wieder ganz einfach und kann dich mit der Qualität Lemuriens verbinden. Lass dir ruhig Zeit dabei. Die lemurische Qualität ist auch, alles mit Ruhe und Muse zu machen. Kein Stress, keine Hetze, keine Eile. Also, nimm dir die Zeit und geh nach und nach alle Räume deiner Wohnung durch. Nimm dir jedes Teil vor und prüfe es nach seiner Bedeutung. Welche Bedeutung hat das Teil für dich? Welche Geschichte erzählt es dir, welche Erinnerung verbirgt sich dahinter?

Letztendlich geht es natürlich bei dieser Übung darum loszulassen, und zwar alles, was keine wirkliche Bedeutung für dich hat, was keine Geschichte erzählt, was keine oder Erinnerungen weckt, die du nicht mehr in deinem Leben haben möchtest. Es ist ein extrem bewusstes Aufräumen. Es geht eben nicht nur um Entrümpeln, sondern um ein bewusstes Wahrnehmen all der Dinge, die du in deiner Wohnung hast und dem nachzuspüren, warum du sie noch hast und ob du sie noch haben möchtest. Das, was Bedeutung hat, bleibt. Das, was unbedeutend ist, überflüssig oder nicht mehr in dein Leben passt, darf gehen. Dankend, dass es dich eine Zeit lang begleiten durfte, doch nun Raum für "leichtes Gepäck" schafft. Wenn man sich für die lemurianische Qualität öffnet, wird man feststellen, dass man eigentlich nur verdammt wenige Dinge wirklich benötigt.

MUSE HABEN

ALLES BRAUCHT SEINE ZEIT

ES IST FERTIG, WENN ES FERTIG IST

Ein weiteres großes Geschenk, welches uns die lemurische Energie bringen kann, ist die Entschleunigung der Zeit. Zu oft sind unsere Terminkalender zu voll, zu viele Hochzeiten, auf denen wir denken, tanzen zu müssen, alles soll irgendwie "schnell, schnell" fertig werden. "Zeit ist Geld" lautet die Devise und mit unseren Handys sind wir immer erreichbar und erwarten das auch von jedem anderen. Wenn man länger als 10 Minuten auf eine Antwort wartet, fängt man schon an, gestresst zu werden. Wir hetzen durch unser Leben und vergeuden damit zeitgleich unsere kostbare Lebenszeit, weil wir so wenig im Moment sind, im Augenblick. Wir denken, wir müssten uns dann besondere Momente erschaffen, um das

Verpasste nachzuholen. Dann muss der Urlaub super besonders sein. Das Familienfest muss perfekt sein und die Enttäuschung ist groß, wenn dem nicht so ist.

So ein Gehabe ist der lemurischen Energie völlig fremd. Ein Lemurianer tut alles mit Muse, ohne sich hetzen oder stressen zu lassen, gleichgültig ob die Geschirrspülmaschine ausgeräumt wird oder man ein Haus baut.

Ein Lemurianer ist immer genau bei dem, was er gerade tut. Weder ist er fünf Schritt voraus, noch fünf Schritte hintendran. Er tut das, was er tut, mit seinem ganzen Sein im Hier und Jetzt. Das ist eine wirkliche Gabe.

WENN DU ES TUST, DANN TUE ES GANZ

...MIT GANZEM HERZEN DABEI

Nichts läuft dann mal irgendwie nebenbei. Wenn man malt, dann malt man. Wenn man mit dem Kind spielt, dann spielt man mit dem Kind und denkt nicht: "Okay, noch fünf Minuten, dann räume ich die Geschirrspülmaschine aus, mache die Wäsche, oh, ich muss noch Tante Gisela anrufen, was gibt es zum Abendbrot...." Nein, man spielt mit dem Kind oder malt ein Bild und nimmt dieses im Moment sein vollständig wahr. Dreimal darfst du raten, wer sich komplett an seine Vergangenheit erinnern kann und wer nicht. Wenn du überall nur durchhuschst, werden deine Erinnerungen auch nur schemenhafte Bruchstücke sein. Ein Lemurianer hat verinnerlicht, dass es aber genau darum geht, um Erinnerungen. Das ist das Einzige, was wir aus dieser Inkarnation, aus dieser uns gegebenen Lebenszeit mitnehmen werden. Unsere Erinnerungen. Und für jede Erinnerung gibt es eben auch kein später. Es läuft immer jetzt. Du wirst nicht später mit deinem Kind spielen, weil es dann groß ist und nicht mehr mit dir spielen will. Du wirst auch später nicht nochmal das gleiche Bild malen. Du wirst nicht später die Hand deiner Mutter halten, weil sie vielleicht schon für immer gegangen ist.

Die Einladung dieser Übung ist: Bleib mit deiner Aufmerksamkeit bei dem, was du gerade tust, voll und ganz. So erfüllst du deine Lebenszeit.

WOHLFÜHLOASE

DER SEELE EINE HEIMAT GEBEN

SICH ENDLICH WOHL FÜHLEN

Wenn du bis hierhin alles gelesen hast, ist dir sicherlich schon öfter der Gedanke gekommen, wie das in unserer heutigen Welt möglich sein soll. Ja, so fühlen sich auch ganz oft die lemurischen Ur-Seelen. Sie fühlen sich ganz oft absolut fehl am Platz. Alles erscheint zu oberflächlich, zu sehr auf Materielles gepolt, zu wenig wahrhafte ehrliche Verbindungen, zu viel Stress, zu viel Kampf, zu wenig Kunst. Die Welt, die Städte, die Gebäude, die Häuser, die Wohnungen, die Einrichtungen, die Kleidung, alles ist eigentlich zu hässlich. Wo ist das Fließende, das Schöne, das das Auge erfreut, die Kunst in jedem Teil? Das Leben für erwachende Lemurianer scheint nicht wirklich leicht, und es ist ganz wichtig, dass sie ihre Nischen in all den heutigen Oberflächlich-keiten finden, wo sie ihre Oase errichten können, in der sie sich vollständig wohl fühlen können.

Wir können alleine viele große gesellschaftliche Dinge nicht ändern. Geld ist nun mal noch da. Miete, Essen kaufen usw. Viele Dinge, mit denen ein Lemurianer lernen darf umzugehen. Und doch sind wir nicht gefangen. Wir können in dem Vorhandenen uns immer Räume erschaffen, wo es uns gut geht. Gleichgültig, ob du nun Lemurianer bist oder nicht. Das sind unsre Nischen des Wohlfühlens. Das braucht die Seele, um sich zu Hause zu fühlen, um zu entspannen und durchzuatmen.

WAS BRAUCHST DU

... UM DICH WOHL ZU FÜHLEN

Diese Übung ist für jede Alte Seele wichtig und wird für jede Seele eine einzigartige Antwort aufweisen. Aber es gibt Hochkulturen, die kommen mit dem Takt, den unsere Welt gerade schlägt, besser zurecht, als Lemurianer, Arcaner oder Croatons. Sie brauchen einen anderen Rhythmus.

Die Einladung dieser Übung ist herauszufinden, welchen Lebensrhythmus du brauchst. Zu erkennen, dass du nicht verkehrt bist, sondern der Rhythmus, in dem du dich gerade befindest, nicht der deine ist, und dass es dir erlaubt ist, dir ein Leben aufzubauen, das eher nach deinem Seelen-Rhythmus funktioniert. Ja, das hört sich sicherlich zunächst schwierig an. Aber ich sage dir, dass es vollständig möglich ist. Vielleicht nicht alles auf einmal, aber nach und nach.

Wir müssen nicht einfach im Hamsterrad weiter mitlaufen. Wir können anhalten und nachspüren und je nachdem, was wir fühlen, fangen wir an zu ändern. Es geht um dein Wohlgefühl, dein Wohlbefinden, die Art und Weise, wie du deine Lebenszeit ergreifen möchtest. Wir sind keine Maschinen,wir sind Seelen. Es ist wichtig, dass wir das nicht vergessen und es ist wichtig, dass wir uns erlauben, uns gut um uns selbst zu kümmern. Was bringt dir ein Leben, was du zeitlich nur herunterlebst, immer in dem Versuch, in einem Takt zu schlagen, der nicht der deine ist?

WÄRME

FÜR DAS WOHLGEFÜHL

DIE ENTFALTUNG DER SEELE

Wo wir gerade beim Wohlgefühl waren, eine lemurianische Seele braucht es warm, und zwar in allen Belangen, um sich komplett entfalten zu können. Ja, dass bezieht sich auch auf das Klima. Natürlich kann man sich auch mit kälteren Gegenden abfinden, aber ganz ehrlich, Kälte ist nichts für einen Lemurianer. Sicherlich weiß er die Schönheit des Nordens mit seinem künstlerischen Auge zu schätzen und auch Schnee hat seine Aspekte, aber nicht zum Leben auf Dauer.

Fast jede lemurische Seele zieht es in den Süden. Dorthin wo es warm ist, wo es laue Nächte gibt, wo man leichtbekleidet die warme Sonne genießen kann, am besten noch mit Meer und Strand. Hier blüht die Künstlerseele auf.

Aber nicht nur in der Temperatur, die Lemurianer brauchen es warm und herzlich. Einen warmen Umgang mit anderen Menschen und Lebewesen, eine herzliche, warme Umgebung auf der Arbeit, im Freundeskreis, selbstverständlich in der Partnerschaft und auch im Verhältnis zur eigenen Familie und den Kindern. In einer kühlen Atmosphäre friert die Seele des Lemurianers ein und verkümmert.

Daher ist es essentiell wichtig für das lemurische Wohlgefühl, Wärme in das eigene Lebensumfeld zu bringen. Häufig sind sie auch die Sonne für ihre Umgebung.

DAS GÖTTLICHE

VERBINDUNG ZUR QUELLE

EINE QUELLE - EIN GOTT

Für die Lemurianer ist die Entstehung von allem einem Gott zu verdanken, der die Quelle von allem ist. Aus diesem Konzept sind später die Glaubensrichtungen Judentum, Katholizismus und alle verwandten Glaubensrichtungen entstanden. Aber Achtung, so wie es heute praktiziert wird, hat nichts, aber rein gar nichts mit dem Grundgedanken der Lemurianer zu tun. Für Lemurien war Gott eben auch ein Künstler, dessen Kunst gewürdigt werden muss, weil sie so außergewöhnlich und großartig ist. Die Lemurianer sind nicht bekannt dafür, nach der großen Quelle dahinter zu suchen, aber sie sehen sich als Teil dieses Gottes, deren Aufgabe ist,

seine Schöpfung in Ehren zu halten, sich achtsam einzufügen und keinen Schaden anzurichten. Sie sind sehr achtsam im Umgang mit allem, was ist. Die Kirche hat es gerade bei Alten Seelen geschafft, diese Verbindung zu kappen und eine Ablehnung von einem Gott als Urerschaffer hat sich breit gemacht.

Aber die Einladung dieser Übung ist, mal zu versuchen, sich als ein Teil eines großen Kunstwerkes zu verstehen und das eigene Leben als ein Kunstwerk zu betrachten, dessen Künstler wir sind. Wir haben es in der Hand, es zu gestalten. Wo soll es für dich hingehen?

LEMURIEN
DER EINWEIHUNGSWEG

DER LEMURISCHE EINWEIHUNGSWEG

DAS LEBEN AN SICH

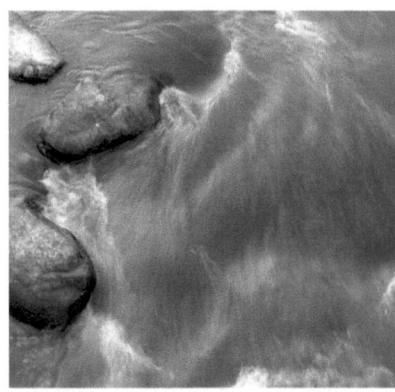

Der lemurische Einweihungsweg wurde nicht als solcher bezeichnet oder definiert. Für die Lemurianer war es wichtig, dass die inkarnierte Seele ihren Seelenplan findet. Damit ist gemeint, dass jede Seele für sich den Grund herausarbeitet, warum sie überhaupt inkarniert ist, welche Gaben sie mitgebracht hat und wie sie diese für die Gemeinschaft einbringen kann. So ist für Lemurien das ganze Leben ein Einweihungsweg an sich, mit Abschnitten, wo Schwerpunkte gesetzt werden. Am besten lässt sich dies im Weg der Lebensjahrsiebte widerspiegeln. Ich bitte dich aber, bleib hier offen, leg die Grenzen der Jahrsiebte nicht zu eng und verrenne dich auch nicht in den Schwerpunkten. In Lemurien war alles nur eine grobe Richtung, was zählte war letztendlich der Fließprozess selbst, der sich nicht festlegen oder vorausbestimmen lassen kann. Also, wie immer sehr frei.

Ich lade dich nun ein, mit mir einen Gang durch die lemurischen Lebensjahrsiebte zu machen. Wenn du tiefer eintauchen möchtest, dann nimm dir die Zeit, die jeweiligen Seelenfragen zu beantworten und auch das jeweilige Seelenbild zu erstellen. Das geht auch für die Lebensjahrsiebte, die du noch gar nicht erreicht hast. Arbeite immer nur so tief, wie es sich für dich stimmig anfühlt. Es geht nicht darum, ins Drama zu gehen oder alles nochmal bis zum bitteren Ende durchzuwälzen. Bleib beim lemurischen Motto: "Alles fließt!"

DIE INKARNATION

ALS EINWEIHUNGSWEG

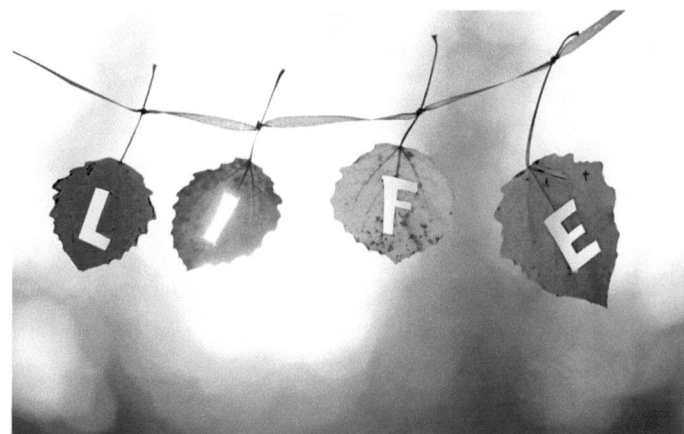

JEDER ABSCHNITT BEINHALTET SEINE ENTWICKLUNGSPOTENZIALE

Jede Hochkultur hat ihre Form von Einweihung oder besser gesagt Einweihungsweg. Einweihung wird in diesem Sinne als Erkenntnisweg "wer man ist und warum man hier ist" verstanden. Es geht ihr nicht um Initiationsrituale. Die haben auch einige Hochkulturen, hat aber mit Einweihung hier nichts zu tun.

Für die Lemurianer war das Leben selbst, bzw. die Reise der Seele durch eine Inkarnation, der Einweihungsweg. Was sehr weise ist. Jeder Lebensabschnitt hatte eine andere Grundbedeutung, die wir auch heute noch auf unser Leben übertragen können. Dabei wird die Lebensreise in Sieben-Jahres-Schritte eingeteilt, wobei die Übergänge fließend betrachtet werden und nur eine ungefähre Richtlinie vorgegeben ist. An den Übergängen vermischen sich die Qualitäten. Das sind die Zeiten der großen Verwirrung, in denen besonders behutsam und unterstützend mit denjenigen, die gerade durch diese Prozesse gehen, umgegangen wurde.

Und wie sollte es anders sein, wurden die Entwicklungs- bzw. Einweihungsprozesse eines jeden Lebensabschnittes künstlerisch ergriffen und verstanden, eingebunden in das Leben selbst. In der lemurischen Kultur gibt es keine Ziele, die erreicht werden müssen, sondern immer nur Prozesse des unterschiedlichen Fließens.

DIE LEMURISCHE FAMILIE

BASIS DEINES EINWEIHUNGSWEGES

DEINE SEELENFAMILIE ERWARTET DICH

Familie war in Lemurien weit mehr als das, was wir heutzutage unter Familie verstehen. Die enge Konstruktion Vater-Mutter-Kind, in der die meisten von uns aufgewachsen sind, gab es in Lemurien nicht. Lemurianer waren immer in einem Verbund zusammen, der Seelen-Gemeinschaft, in der man gegenseitig aufeinander achtete, inspirierte und sich kümmerte. Es gab in dem Sinne keine Ehe, keine festen Partner-schaften, so wie wir es von heute kennen, und auch nicht die Form, die die meisten heute leben möchten. Lemurianer waren hier viel freier. Auch freier im Austausch von Liebe und Körper-lichkeiten. Die Seelen-Gemeinschaft war tief verbunden, vor allem durch Liebe. Es gab keinen Neid, keine Eifersüchteleien, kein Betrügen usw. Als Gemeinschaft begleitete man sich gegenseitig durch die Inkarnation und ehrte jeden in seinem Lebensabschnitt.

VERBUNDEN ÜBER ZEIT UND RAUM

ICH FÜHLE DICH

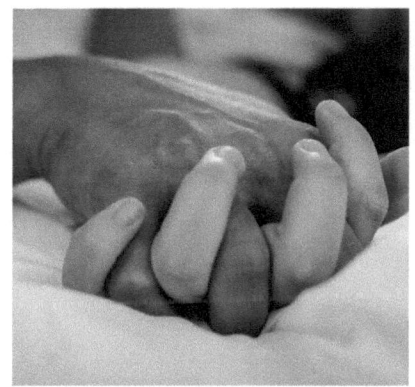

Wie sich das genau anfühlte, kann man höchstwahrscheinlich in seiner ganzen Bandbreite nur verstehen, wenn man eine lemurische Ur-Seele hat. Allerdings lässt sich auch sagen, dass neben den Arcanern nur noch die Lemurier eine dermaßen starke Seelen-Verbindung zu ihrer Seelengemeinschaft aufgebaut haben, die über Zeit und Raum hinweg andauert. Und so wie die Arcaner vermissen auch die Lemurianer beständig ihre Seelenfamilie und das Gefühl, wie sich "Familie" und Seelen-Verbindung wahrhaft anfühlen kann. Alles derzeit Erlebte ist dagegen häufig nur eher grau und kratzt nur an der Oberfläche des Möglichen.

Gerade Lemurier fällt es oft schwer, eine Monogamie Beziehung einzugehen oder auch sich klar für ein Geschlecht in der Liebe zu entscheiden. Für einen Lemurier ist es eher sonderbar, hier eine so klare Trennlinie zu ziehen, dass man "nur" Männer oder "nur" Frauen liebt. Lemurier lieben die Seele dahinter und die ist sowieso immer geschlechtlos. Also welchen Sinn ergibt dann die klare Abgrenzung?

Heutzutage fangen wir erst an, diese Trennlinien aufzubrechen und uns zu öffnen für all die verschieden Möglichkeiten und Formen der Liebe.

Aber es lässt sich sagen, dass das Zusammenleben und auch die Liebe in Lemurien immer ästhetisch und würdevoll war.

FREIFLIESSENDE LIEBE

SEELENGEMEINSCHAFT

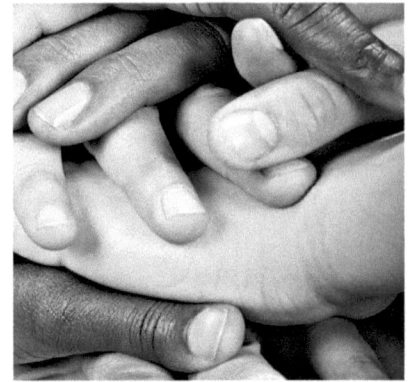

Auch das Konzept, welches gerade so gehypt wird, dass es nur einen Seelenpartner gibt, ist für einen Lemurianer viel zu klein gedacht und passt nicht mit dem lemurianischen Verständnis von Liebe zusammen. Hier kann man viele lieben, ja, man liebt sogar viele für ihr Sein, ihre Individualität, ihre Seelen-Schönheit. Für Lemurier war immer alles im Fließen und so auch die Liebe. Der Fluss war nicht beschränkt sondern frei und man liebte die Seelen, die in der gleichen Seelengemeinschaft waren. Ganz einfach und doch für unser heutiges Verständnis von Liebe manchmal eigentümlich.

Wurde eine Seele geboren in diese Gemeinschaft, dann waren alle aus dieser Seelengruppe in Liebe verbunden mit dieser Seele. Alle kümmerten sich darum. Der Spruch "es braucht ein Dorf, um ein Kind großzuziehen" wurde hier gelebt. Aber es hörte mit dem Kindsein nicht auf, denn diese Gemeinschaft begleitete sich durch das gesamte Leben von Anfang bis Ende. Man brauchte keine Angst zu haben, ausgeschlossen zu werden, alleine zu sein, kämpfen zu müssen, irgendwie sein zu müssen, um liebenswert zu sein oder gemocht zu werden.

Häufig tragen Lemurier eine tiefe Sehnsucht nach dieser Heimat, weil diese "heile Welt" in unserer heutigen Gesellschaft so gut wie nicht mehr zu finden ist. 2000 Jahre Christentum haben hier "gute" Arbeit geleistet.

SEELENPLAN

DIE SEELE HAT EINEN GRUND ZU KOMMEN

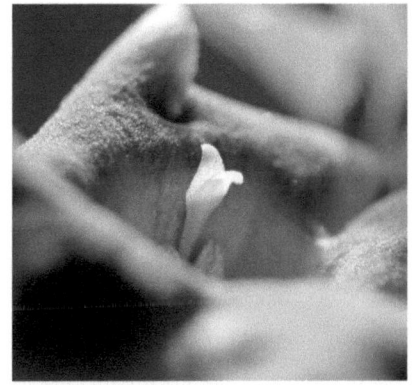

Für die Lemurianer war es selbstverständlich, dass die Seele einen Plan, einen Grund hat, warum sie ins Leben und in die jeweilige Seelengemeinschaft inkarniert. Die Gemeinschaft selbst war dann stets dahin ausgerichtet, die Seele in ihrem Vorhaben bestmöglich zu fördern und zu unterstützen, jedoch immer frei von Druck oder Ansprüchen. Im lemurischen Verständnis weiß nur eine Seele selbst, was ihr Plan für die jeweilige Inkarnation ist. Sie probiert sich aus, bis sie diesen Plan versteht und dann auch ausfüllen kann. Und hier begleitet die Gemeinschaft eine jede Seele frei und herzoffen. Auch weiß die Gemeinschaft, dass ein Plan sich im Laufe des Lebens wandeln, entwickeln, aber auch komplett verändern kann.

Aber eins ist in der lemurischen Seelenfamilie immer gleich: das Leben - eine Inkarnation ist ein Kunstprojekt und wird künstlerisch verstanden und ergriffen. Gleichgültig, was man macht, man ist immer ein Lebenskünstler. Man gestaltet seine Realität. Um sie künstlerisch getalten zu können, macht man Erfahrungen im künstlerischen Ausdruck.

Es gab keine Schule. Sondern die Kinder waren frei, sich ihre Lehrer zu suchen, von denen sie lernen wollten, malen, schnitzen, töpfern, Hausbau, nähen, singen usw. Aber in jungen Jahren wurde vor allem das Spielen gefördert. Der freie Fluss des Miteinander Seins.

ANKOMMEN

1. LEBENSJAHRSIEBT 0 - 7

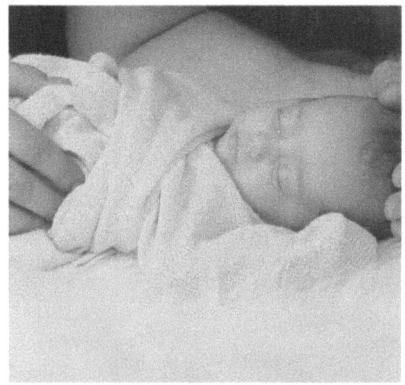

Die Lemurianer ehren jedes Lebensjahrsiebt und so auch die Ankunft einer neuen Seele in ihrer Gemeinschaft. Sie wissen, dass diese Seele in den ersten Jahren noch sehr angebunden ist an die Quelle, an Gott und von dort tiefes Wissen mitbringt. So wird auch den jüngsten Kindern offen zugehört, denn Lemurianer wissen, dass man von jedem lernen kann, auch von dem jüngsten Menschen in der Gemeinschaft.

Die Gemeinschaft verstand ihre Aufgabe in der Zeit, dass Leben für die "neue" Seele so schön, angenehmen und liebevoll wie möglich zu machen. Geschichten wurden erzählt, gesungen, die Natur wurde entdeckt. Man kam in Lemurien tatsächlich in einer heilen Welt an. In einer lemurischen Seelengemeinschaft war man immer sicher, behütet und geschützt. Ja, das klingt fast zu schön, um wahr zu sein, aber das ist die Qualität von Lemurien und auch eine Sehnsucht, die fast alle Seelen, unabhängig ob sie lemurianischen Ursprungs sind, in sich tragen. Das liebevolle, geschätzte Ankommen, das sichere Aufwachsen, die freie Entfaltung, das Wissen, dass man willkommen ist. Wie schön ist das. Und wie toll, dass wir das alle von den Lemurianern lernen dürfen und auch leben dürfen. Niemand hindert uns daran, so ein Elternteil zu sein - auch wenn unsere Kinder schon groß sind. Die Liebe zu ihnen darf immer fließen, frei von Ansprüchen und Forderungen.

1. LEBENSJAHRSIEBT

ANKOMMEN
EINWEIHUNGSFRAGEN

Was wolltest du früher unbedingt mal später werden in deinem Leben?

Schließe deine Augen – verbinde dich zurück – was sind deine ersten Erinnerungen aus deiner Kindheit?

Wie würdest du jetzt rückblickend deine Kindheit beschreiben?

Wer war deine stärkste Bezugsperson? Warum und wie fühlte es sich an?

1. LEBENSJAHRSIEBT

ANKOMMEN
TEIL 2

Was für ein Kind warst du?

Wie hast du die Welt als Kind wahrgenommen?

Was ist deine größte Hürde, wenn du an dieses Jahrsiebt zurückdenkst?

Was ist deine größte Erfahrung, wenn du an dieses Jahrsiebt zurückdenkst?

Ich war so alt: Ankersymbol:

....
Titel für diese Episode meines Lebens

Stichwörter:

Das ist meine nachhaltigste Erinnerung aus jenem Jahrsiebt

MEINE KLEINKINDZEIT

CREATIVE ART PAGE

KLEINE PERSÖNLICHKEITEN

2. LEBENSJAHRSIEBT 7.- 14. LEBENSJAHR

Im zweiten Lebensjahrsiebt ist das Ankommen vorbei. Die Seele hat sich in den Körper und in der jeweiligen Inkarnation verankert. Die Anbindung an die andere Seite bzw. die Quelle verschwindet häufig erstmal. Das ist auch gut so, denn in diesem Lebensjahrsiebt geht es darum, wirklich Wurzeln für die jetzige Inkarnation zu bekommen. Für die Lemurianer war es die "erste Zeit der Spiegelung" und daher eine enorm wichtige. In dieser Zeit spiegeln die Seelen die Menschen in ihrem Umfeld, die Menschen, die sie begleiten. Daher war es für Lemurianer wichtig, immer ein gutes, spiegelwertes Vorbild zu sein. Vielleicht kennst du es noch aus deiner Zeit, wenn du angeblufft wurdest von Mutter oder Vater "hör auf mich nachzuäffen", weil es ihnen unangenehm war. Vielleicht weil wir eine Seite gespiegelt haben, die eben nicht so schön war und eigentlich nicht spiegelwert.

In Lemurien war es eine Zeit, wo die Kinder in diesem Lebensjahrsiebt viel Zeit mit den ältesten und weisesten Seelen aus der Gemeinschaft verbracht haben, um eben spiegelwerte Vorbilder wahrzunehmen. Von diesen zu lernen, ihr Sein eben zu spiegeln. Diese Tradition ist in unserer heutigen Zeit eigentlich völlig verloren gegangen. Die Ältesten werden häufig nur noch selten mit Kindern zusammengebracht, außer ein kurzer Besuch. Dadurch kann sehr viel verloren gehen.

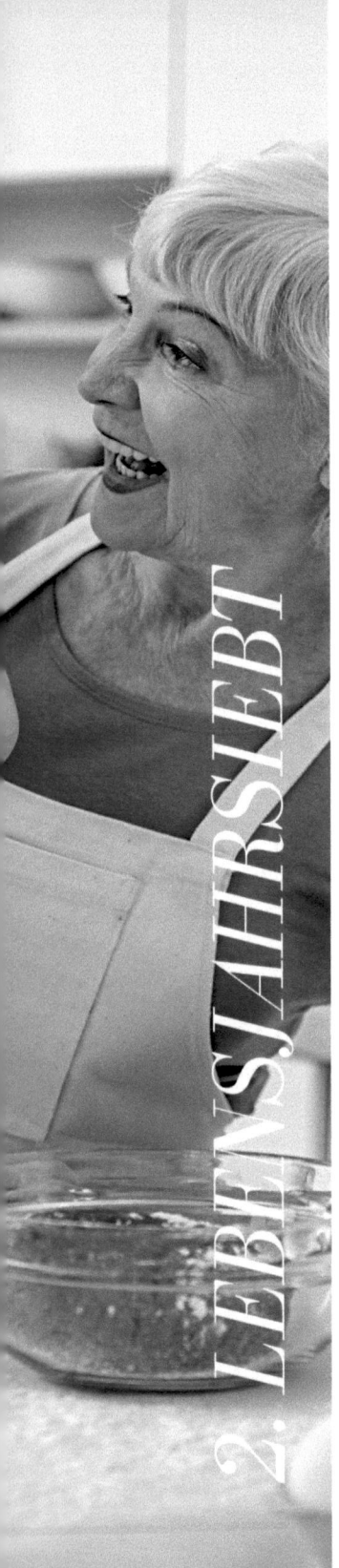

2. LEBENSJAHRSIEBT

SPIEGELUNG
EINWEIHUNGSFRAGEN

Wer war dein Vorbild in diesem Lebensjahrsiebt?

Wie war dein Verhältnis zu deinen Großeltern?

Wer war deine erwachsene Bezugsperson in dieser Zeit? Was hast du von ihr gelernt?

Wie haben deine Eltern über deine Großeltern gesprochen? Wie ging es dir damit?

2. LEBENSJAHRSIEBT

SPIEGELUNG
EINWEIHUNGSFRAGEN

Was hast du in dieser Zeit von den Erwachsenen an Verhalten oder Gedanken übernommen?

Was war das Tollste, was du in dieser Zeit gelernt hast?

Woran kannst du dich jetzt noch am besten aus dieser Zeit erinnern?

Was hättest du in dieser Zeit von den Erwachsenen gebraucht, aber nicht bekommen?

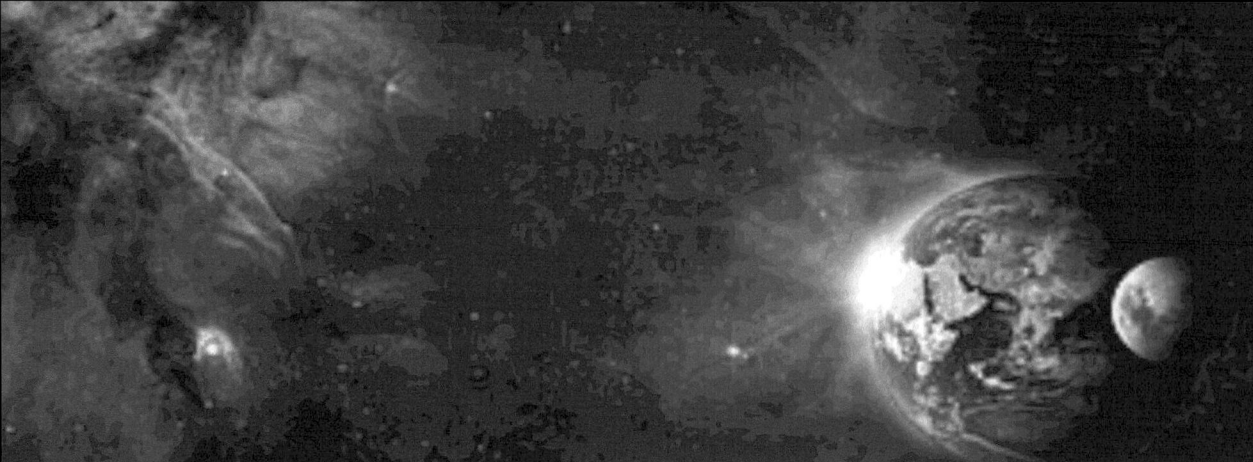

Ich war so alt: Ankersymbol:

....

Titel für diese Episode meines Lebens

Stichwörter:

Das ist meine nachhaltigste Erinnerung aus jenem Jahrsiebt

MEINE KINDHEIT

CREATIVE ART PAGE

DIE ZEIT DER SELBSTFINDUNG

3. LEBENSJAHRSIEBT 14. - 21. LEBENSJAHR

Im dritten Lebensjahrsiebt zogen die Kinder aus dem "Erwachsenen Haus" aus und lebten in einer Hütte mit Kindern des gleichen Lebensjahrsiebts zusammen. Für die Lemurianer ist dieses Lebensjahrsiebt essentiell wichtig für die Selbstfindung. Die großen Fragen "wer bin ich?" und "wer möchte ich sein?" wollen nun eine Richtung finden. Es braucht keine konkrete Anworten, erstmal nur ein Ausprobieren und Austesten. Die Lemurianer wussten, dass das eine wichtige Zeit ist, wo man die Energie von Gleichaltrigen braucht, um sich erkennen zu können. Auch wussten die Lemurianer, dass eine Initiation in dieser Zeit in so einem Kreis der Gemeinschaft ganz von alleine stattfinden wird, wenn der Zeitpunkt dafür gekommen ist. Wie gesagt, die lemurianische Gesellschaft lebte frei von Druck und Ansprüchen. Es ging/geht immer ums Fließen. Sicherlich kann man eine pubertierende Gruppe Jugendlicher aus Lemurien nicht mehr vergleichen mit der Pubertät von heute. In Lemurien waren alle Lebensjahrsiebte eingebettet in ein großes Verständnis und wurden auch so von der Gemeinschaft begleitet und unterstützt.

Dies ist auch das Jahrsiebt, wo die Jugendlichen konkret anfingen sich zu entscheiden, was sie lernen wollen und von wem sie lernen wollen. Hausbau, Malen, Töpfern, Kleidung herstellen usw. Es gab keinen Zwang, man entschied sich frei danach, wo es einen hinzog.

SINN DES LEBENS
EINWEIHUNGSFRAGEN

Wie ging es dir in der Pubertät mit Gruppen?

Welchen Platz hast du in Gruppen eingenommen?

Wann bist du von zu Hause ausgezogen? Warum? Wie war das für dich?

Wie war deine Vorstellung bzw. dein Plan für dein Leben damals?

PUBERTÄT
EINWEIHUNGSFRAGEN

Was war das Schlimmste für dich an deiner Pubertät?

Wie ging es dir mit dem Abschiednehmen von deiner Kindheit?

Was war dein größter Kampf in deiner Pubertät?

Was war dein größter Halt in deiner Pubertät?

Ich war so alt: Ankersymbol:

···

Titel für diese Episode meines Lebens

Stichwörter:

Das ist meine nachhaltigste Erinnerung aus jenem Jahrsiebt

MEINE PUBERTÄT

CREATIVE ART PAGE

SEXUALITÄT

3. LEBENSJAHRSIEBT 14. - 21. LEBENSJAHR

Wie bereits zuvor schon erwähnt, ist Sexualität bei weitem nicht so ein angespanntes Thema wie in unserer heutigen Gesellschaft. Es hatte in Lemurien aber auch nicht so einen großen Stellenwert. Sexualität wurde gelebt auf eine sehr wertschätzende Art und Weise. Natürlich war es auch eine Form, Kunst auszudrücken, aber es war auch eine Ehrung und eine Verbindung zwischen einem göttlichen Teil zu einem anderen göttlichen Teil. Geschlecht spielt hierbei übrigens keine Rolle. Die Bedeutung der lemurischen Sexualität, die Energie dahinter, ist fast nicht zu verstehen in einer Gesellschaft, die so dermaßen eingeengt ist in ihren Vorstellungen, was Sex ist, wie der unsrigen.

Es gab keine Besitzansprüche, wie "du bist mein" oder "du gehörst zu mir" - es war ein "wir sind jetzt eins" und wir erleben dieses Eins-Sein eben auch mal auf der körperlichen Ebene. Lemurische Kinder wuchsen mit einem ganz anderen Verständnis von Sexualität auf und konnten sich dementsprechend auch viel offener, freier, vertrauensvoll diesen Bereichen in ihrer Pubertät hingeben, als unsere Jugendlichen es heute können. Auch hier könnten wir sehr viel von den Lemuriern lernen und wie viel Leid, Missbrauch, Grenzüberschreitungen oder schlimme vorzeitige Erfahrungen könnten wir hinter uns lassen, wäre Sexualität nicht so ein unfassbar aus dem Gleichgewicht geratenes Thema, wie in den westlichen Gesellschaften.

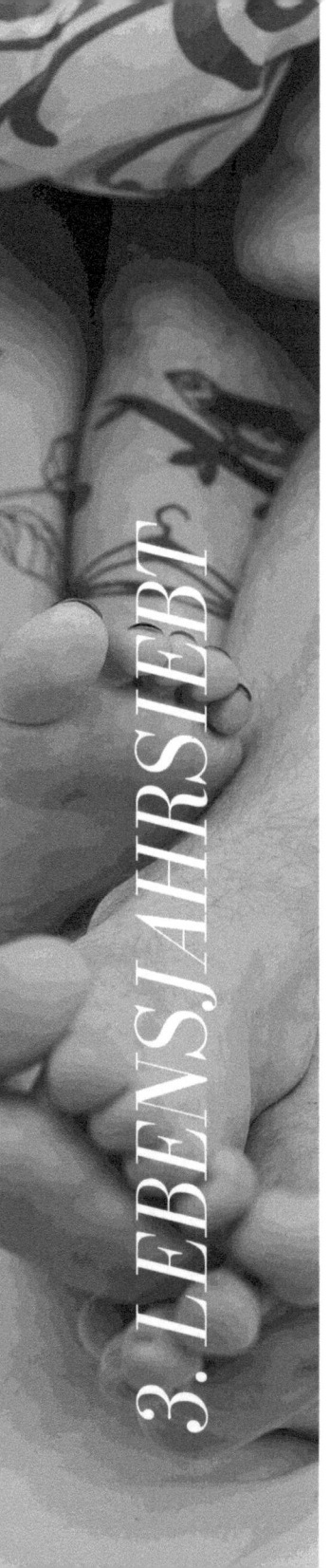

SEXUALITÄT
EINWEIHUNGSFRAGEN

Wie war für dich dein erstes Mal?

Wie geht es dir jetzt generell mit Sexualität?

Wenn du dir Uhr zurückdrehen könntest, was würdest du ändern beim ersten Mal?

Was ist in deiner jetzigen Sexualität derzeit nicht im Frieden?

SEXUALITÄT
EINWEIHUNGSFRAGEN

Wie wurde das Thema Sexualität in deiner Familie behandelt?

Wie stehst du zu Sexualität und Lust?

Wie würdest du Sexualität gerne leben und erfahren?

Welche Wunden in diesem Themen-Bereich dürfen nun Frieden und Heilung finden?

Ich war so alt: Ankersymbol:

....

Titel für diese Episode meines Lebens

Stichwörter:

Das ist meine nachhaltigste Erinnerung aus jenem Jahrsiebt

SO FEIERE ICH VON NUN AN MEINE SEXUALITÄT

CREATIVE ART PAGE

IM KREIS DER SEELENFAMILIE

4. LEBENSJAHRSIEBT 21. - 28. LEBENSJAHR

Mit 21 zog man in Lemurien aus dem "Pubertätshaus" aus und ein in eine frei gewählte Seelenfamiliengruppe. Du kannst es dir ungefähr so vorstellen: Es gibt eine Seelengemeinschaft und die bilden ein Dorf mit mehreren Wohnhäusern. Jedes Wohnhaus beherbergte eine Seelenfamiliengruppe (das muss nicht, kann aber, die Gruppe sein, in der du geboren wurdest). Der 21-Jährige entscheidet sich, mit welcher Gruppe Menschen er die nächsten Jahre zusammen-leben möchte. Gab es nicht genug Raum in dem Wohnhaus, wurde angebaut. Es wurde nie jemand abgelehnt. Man fühlte sich immer willkommen. Jedes Haus stand jedem offen. Ich sage ja, das Lebenskonzept der Lemurier war so anders, als wir es kennen, dass es viel Offenheit und Ablegen von Mustern und Programmierungen braucht, um diese außergewöhnliche Qualität dieser Seelengemeinschaften zu verstehen und ja, auch wertzuschätzen. Der 21-Jährige wurde mit dem Umzug in den Kreis der Erwachsenen willkommen geheißen.

Da man schon immer ein wertvoller Teil der Gemeinschaft war, in dem man lernte und lehrte, gibt es hier keinen Umbruch. Man musste jetzt nicht auf eigenen Beinen stehen, sein eigenes Geld verdienen, um sich versorgen zu können. Dieses Lebensjahrsiebt ist die Zeit, wo man lernte, sich in seiner selbstgewählten Seelenfamilie einzugewöhnen, zurechtzufinden und seinen Teil zur Harmonie dieser Gruppe beizutragen

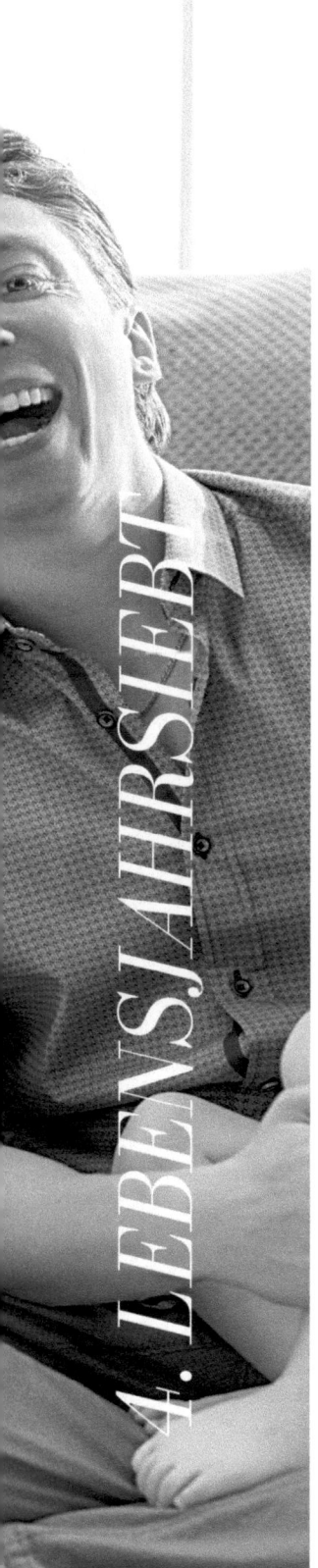

FAMILIE
EINWEIHUNGSFRAGEN

Beschreibe für dich deine Ursprungsfamilie! Was gefällt dir?
Und was gefällt dir nicht so gut?

Beschreibe die Familie, die du gegründet hast! Hast du keine,
dann die Gründe für diese Entscheidung!

Wie ist dein Verhältnis zu deiner Ursprungsfamilie?

Wie ist dein Verhältnis zu deiner selbstgegründeten Familie?

4. LEBENSJAHRSIEBT

SEELENFAMILIE EINWEIHUNGSFRAGEN

Wie stellst du dir eine Seelenfamilie vor?

Wer aus deinem jetzigen Leben wäre Teil deiner Seelenfamilie? Warum?

Wenn du an Seelenfamilie denkst, wonach sehnst du dich dann am meisten?

Wie geht es dir mit dem Alleinsein?

Ich war so alt: Ankersymbol:

....

Titel für diese Episode meines Lebens

Stichwörter:

Das ist meine nachhaltigste Erinnerung aus jenem Jahrsiebt

MEINE SEELENFAMILIE

CREATIVE ART PAGE

DIE GRÖSSTE KRAFT

5. LEBENSJAHRSIEBT 28. - 35. LEBENSJAHR

Das fünfte Lebensjahrsiebt wurde in Lemurien als die Zeit "der großen Kraft" beschrieben. Die Kindheit, Pubertät und das Zurechtfinden bei den Erwachsenen lag hinter einem und das Alter noch vor einem. Man war angekommen bei sich und in seiner größten Kraft.

Es gab in dem Sinne keine Anführer bei den Lemuriern. Alles wurde gemeinsam entschieden mit Lösungen, die alle bereit waren zu tragen. Und doch kann man sagen, dass die Seelen, die in der "Zeit der großen Kraft" waren, neue Ideen in die Gemeinschaft brachten, die Gemeinschaft lebendig hielten, sie transformierten, bereit waren, neue Wege einzuschlagen und Neues auszuprobieren. Und sie durften dies tun. Ihre Energie und Macht der kreativen Schöpfung wurden von der Gemeinschaft anerkannt, resepektiert und unterstützt. Die Seelen wurden aufgrund ihres bisherigen Weges in der lemurischen Gemeinschaft gut auf diese Zeit vorbereitet. Jemand in "seiner großen Kraft" hatte immer auch das Wohl der Gemeinschaft im Auge. Seine Ideen wurden immer auch durchdrungen von Demut und dem Dienen der Gemeinschaft. Es gab in Lemurien keine Rücksichtslosigkeit, kein in Gefahr bringen, kein "friss oder stirb". Neue Ideen waren zum Wohle aller gedacht und auch als solches erfahren. Die Seelen, die in "der großen Kraft" waren, wurden unterstützt von den Weisen der Gemeinschaft, um ihren Ideen den letzten guten Schliff zu geben.

5. LEBENSJAHRSIEBT

MACHT
EINWEIHUNGSFRAGEN

Wie geht es dir mit Macht?

Wie geht es dir mit Demut?

Wo hast du das Gefühl, zu kurz zu kommen oder nicht gesehen zu werden?

Wo bleibst du unter deinen Möglichkeiten? Warum?

Ich war so alt: Ankersymbol:

....
Titel für diese Episode meines Lebens

Stichwörter:

Das ist meine nachhaltigste Erinnerung aus jenem Jahrsiebt

ICH ALS TEIL DER SEELENGEMEINSCHAFT

CREATIVE ART PAGE

RUF DER SEELE

6. LEBENSJAHRSIEBT 35. - 42. LEBENSJAHR

In der lemurischen Gesellschaft ist dieses Lebensjahrsiebt dasjenige, wo man mit dem "Sich-Ausprobieren" langsam zum Ende kommt, weil man innerlich nun weiß, wohin der Ruf der Seele einen treibt. Dieses 6. Lebensjahrsiebt bekommt einen besonderen Stellenwert, fängt man nämlich hier an, seinen Seelenplan wahrhaft zu entfalten und zu leben.

Die Jahre davor kann man fast als "Lehrjahre" bezeichnen. Nun ist die Zeit gekommen, die Talente, Fähigkeiten und den Seelenplan, den man mitgebracht hat, mit voller Hingabe in die Tat umzusetzen.

In der Regel ist es die Zeit, wo man sich voll und ganz der Berufung hingibt, lernt, lernt, lernt und macht, macht, macht. Es ist eine Zeit, wo man eher mit sich selbst und der Entfaltung beschäftigt ist und sich ein wenig aus der Gemeinschaft zurückzieht, um an sich selbst zu arbeiten und zu wachsen.

Die Jüngeren übernehmen jetzt ihre Aufgabe der "großen Kraft" und die "Alten" das Lehren der Jüngeren.

In der Zeit "Ruf der Seele" ist man sehr frei und ungebunden, was die Seelengemeinschaft angeht. Man ist zwar angebunden, aber man bekommt die Freiheit, sich selbst auszutesten, sich selbst zu erfahren, die Möglichkeiten auszuloten, um danach ganz klar den Seelen- bzw. Berufungsweg erkennen und ihm folgen zu können.

BERUFUNG
EINWEIHUNGSFRAGEN

Das liebe ich zu tun:

Womit würdest du gerne dein Geld verdienen bzw. wenn es Geld nicht gäbe, was würdest du dann lieben zu tun?

Das sind meine Talente, Gaben und Fähigkeiten:

Das sind meine größten Schwächen und Hürden:

BERUFUNG
EINWEIHUNGSFRAGEN

Das möchte ich unbedingt noch lernen in diesem Leben:

Diese Projekte möchte ich unbedingt noch umsetzen in diesem Leben:

So stelle ich mir ein erfülltes, glückliches Leben vor:

So möchte ich gerne von nun an mein Leben erfahren:

Ich war so alt: Ankersymbol:

....

Titel für diese Episode meines Lebens

Stichwörter:

Das ist meine nachhaltigste Erinnerung aus jenem Jahrsiebt

MEIN SEELENPLAN

DER MEISTER-WEG

7. LEBENSJAHRSIEBT 42.-49 LEBENSJAHR

Nachdem man im sechsten Lebensjahrsiebt in Lemurien sich ausprobiert hatte, um herauszufinden, wie der Seelenplan erfüllt erfahren werden kann, ging man im siebten Lebensjahrsiebt beherzt den lemurianischen Meister-Weg. Das bedeutete, dass man eine ganz klare Entscheidung traf, in welchem Bereich man zu einem Meister heranreifen möchte, indem man all seine Kraft in den Lernprozess dieser einen Sache stellte.

Als Beispiel, um es verständlicher zu machen. Stell dir vor, im 6. Lebensjahrsiebt weißt du noch nicht genau, in welcher künstlerischen Richtung du dich spezialisieren möchtest, also probierst du alles einmal aus und lernst. Lernst Aquarelltechniken, Öltechniken. Lernst Bildhauerei, lernst Tonarbeiten usw. Im siebten Lebensjahrsiebt geht es nun darum, aus den Erfahrungen die Kenntnis gewonnen zu haben, was einem am meisten liegt und von nun an diese Richtung mit vollem Herzen, vollem Einsatz und voller Hingabe zu folgen. Nehmen wir unser Beispiel von eben. Vielleicht stellst du fest, dass es die Aquarelltechnik ist, für die du brennst, also lässt du nun alles andere ruhen und steigst nun voll und ganz in diese Technik ein. So wirst du zu einem Meister deines Faches - durch jahrelanges Training und Arbeiten an dieser einen Technik. Der Meister Begriff wird in unserer Gesellschaft heutzutage sehr inflationär verwendet. Ein Wochenendkurs und schon bekommst du einen Meistertitel verliehen.

DER MEISTER-WEG

7. LEBENSJAHRSIEBT 42.-49 LEBENSJAHR

So eine Degradierung des Meisterweges wirst du übrigens in keiner einzigen Hochkultur finden. Der Meisterweg war heilig und dauerte Jahre. Du wurdest zur Koryphäe deines Faches.

In unserer Gesellschaft haben wir das Gespür für diesen Weg fast verloren. Das liegt zum Teil auch daran, dass viel zu früh von uns verlangt wird, dass wir über unseren Weg eine Entscheidung, was wir machen wollen, fällen sollen, obwohl wir noch gar nicht alle Optionen kennen. Daher verschieben sich die Schwerpunkte der Lebensjahrsiebte bei uns häufig um sieben bis vierzehn Jahre.

Übrigens ist der Meisterweg und Titel in Lemurien nichts Außergewöhnliches, weil alle Seelen, die sich in diesem Lebensjahrsiebt befinden, sich auf den Meisterweg machen. Jeder füllt dann die Meisterschaft ganz individuell aus, aber alle sind am Ende ein Meister ihres Fachs. Einzigartig und doch wieder ein Teil des Ganzen.

In der lemurischen Gesellschaft gibt es dann auch keinen Neid, keine Missgunst oder Eifersucht. Warum auch, wenn du dich auf deinem ganz individuellen Meisterweg befindest und dadurch deinem Seelenplan folgst und ihn ausfüllst.

Die Zeit, neidisch zu sein, haben wir eigentlich immer nur, wenn wir eben gerade nicht an unserem eigenen Meisterweg arbeiten. Daher finde ich die lemurische Art des Lebens sehr bereichernd und erstrebenswert.

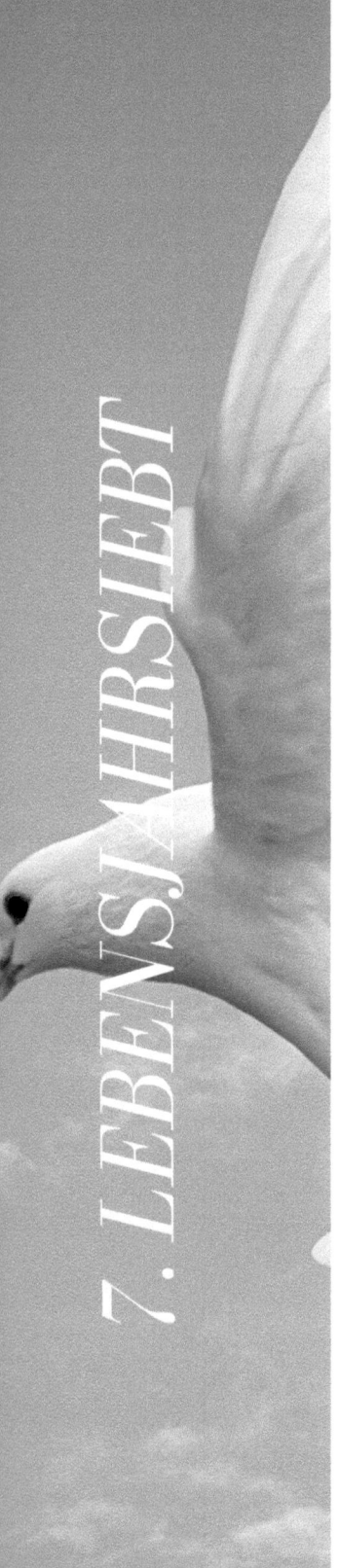

MEISTERWEG
EINWEIHUNGSFRAGEN

Auf wen oder was bist du neidisch? Was haben sie, was du gerne hättest?

Was hindert dich daran, dieses Ziel zu erreichen?

In welchem Bereich möchtest du es gerne zur Meisterschaft bringen?

Was ist dir am allerwichtigsten in deinem Leben? Warum?

Ich war so alt: Ankersymbol:

....

Titel für diese Episode meines Lebens

Stichwörter:

Das ist meine nachhaltigste Erinnerung aus jenem Jahrsiebt

MEIN MEISTERWEG

CREATIVE ART PAGE

DIE ZEIT DER GROSSEN WANDLUNG

8. LEBENSJAHRSIEBT 49. - 56. LEBENSJAHR

Em Ende des Meister-Jahrsiebt tritt die Seele in den Prozess der "großen Wandlung" ein, wie die Lemurianer es bezeichneten.

Man hat intensiv an seinem Meister-Sein gearbeitet, in der "Zeit der großen Wandlung" wird man dann zum weisen Lehrer. Aber vorher geht man oft nochmal durch Höhen und Tiefen. Reist die eigene Vergangenheit ab, erkennt seine Fehler und seine Erfolge. Erkennt die Wege und die Abzweigungen, die man genommen hat, um jetzt dazustehen, wo man jetzt steht.

Es ist eine intensive Zeit der Innenschau, der innerlichen Reisen um tatsächlich allen inneren Ballast abzuwerfen, um überhaupt ein weiser Lehrer der Gemeinschaft sein zu können.

Auch wenn die lemurische Gesellschaft eigentlich immer entspannt ist und auf eine friedvolle Art und Weise miteinander lebt, hat man trotzdem seine innerlichen Themen, macht trotzdem Fehler, trifft Entscheidungen, die im Nachhinein vielleicht nicht zum Ergebnis geführt haben, welches man sich erhofft hatte. Sobald die Seele inkarniert, durchläuft sie Erkenntnis- und Erwachungsprozesse, mal tiefer, mal oberflächlicher. Das ist in jeder Hochkultur gleich, da wir alle beseelt sind und humanoid. So auch in der lemurischen Gesellschaft. Aber immer wird ein jeder Prozess sanft und liebevoll von der gesamten Geschmeinschaft begleitet und getragen.

TRANSFORMATION EINWEIHUNGSFRAGEN

Wie leicht fallen dir Veränderungen in deinem Leben? Was ist schwer daran?

Was darf jetzt losgelassen werden?

Was darf willkommen geheißen werden?

Wohin möchtest du dich transformieren?

MEINE TRANSFORMATION

CREATIVE ART PAGE

DIE ZEIT DES LEHRENS

9. LEBENSJAHRSIEBT - 56. - 63 LEBENSJAHR

In Lemurien lebte immer das Wissen, dass man zu jeder Zeit Lehrer und Schüler zugleich ist. Man kann von einem Kleinkind lernen und von einem Greis. Man war immer offen für die Inspiration, die einem eine andere Seele offenbaren konnte.

Allerding war das neunte Lebensjahrsiebt die große Zeit des Lehrens. Man war nun in der Reife, die Jugend, aber vor allem denjenigen Inspiration zu sein, die ihren Berfungs- und Meisterweg einschlagen wollten. Man lernte sozusagen in Lemurien immer von den Besten, immer von den Meistern, die sich im neunten Lebensjahrsiebt befanden. Hier ging man in die Lehre und ließ sich inspirieren, fordern, einweisen in die jeweilige Kunstform. In der Regel begleitete ein Meister seine Schüler mehrere Jahre lang. Die Art zu lehren, war sehr frei und fließend. Es ging immer darum, die Gabe jeder einzelnen Seele so zu fördern, dass das, was schon in ihr war, zur Entfaltung kam. Es ging also nicht um stures Nachmachen, sondern darum, über den Meister sein eigenes inneres Meistersein zu finden. Der Meister lehrte über sein eigenes Tun. Er machte seine Werke und inspirierte damit seine Schüler. Und nicht vergessen, man ging zu seinem Meister in seinem sechsten eher siebten Lebensjahrsiebt. Man ist also selbst schon einen weiten Lebensweg gegangen, um nun auch ein Meister zu werden.

9. LEBENSJAHRSIEBT

LEHREN
EINWEIHUNGSFRAGEN

Was bist du für ein Vorbild für die Menschen, mit denen du in Kontakt kommst?

Womit kannst du sie inspirieren durch dein Sein?

Was darfst du selbst noch lernen, um noch "meisterhafter" zu sein?

Wie stellst du dir dein Leben im Alter vor?

ICH ALS LEHRER

CREATIVE ART PAGE

DER GESCHICHTENERZÄHLER

10. LEBENSJAHRSIEBT · 63. - 70. LEBENSJAHR

Das zehnte Lebensjahrsiebt war ein ganz besonderes. Die Lemurianer hatten keine Schrift, sie haben nichts aufgezeichnet. Sie lebten und kommunizierten über ihre Kunst und über ihre Geschichten, wie übrigens viele Alte Seelen Hochkulturen. Man traf sich abends im Kreis und es wurden Geschichten erzählt und das oblag ganz allein den Seelen, die sich im 10. Lebensjahrsiebt befanden. Sie wurden sozusagen zu den Weisen ihrer Gemeinschaft. Sie wussten gemeinsam alle Geschichten. Hatten sie sie ja schon oft genug gehört von den Geschichtenerzählern, die vor ihnen an der Reihe waren und hatten sie selbst schon viele Lebensjahre in dieser Inkarnation verbracht, um die Geschehnisse der Seelengemeinschaft aus dieser Zeit erzählen zu können gepaart mit ihren eigenen Lebenserfahrungen.

Tagsüber waren die Geschichtenerzähler für die kleinsten bzw. jüngsten der Seelengemeinschaft da. Hatten ein Auge auf sie und erzählten ihnen Geschichten, passend zu ihrem Alter. Am Abend erzählte man dann Geschichten für die Erwachsenen. Die Geschichtenerzähler wurden sehr verehrt in der Gemeinschaft, waren sie doch das große Bindeglied zwischen den Generationen und auch zwischen den Zeitverläufen. Sie hielten die Geschichten und das Wissen Lemuriens lebendig und sorgten dafür, dass keine Erfahrung verloren ging.

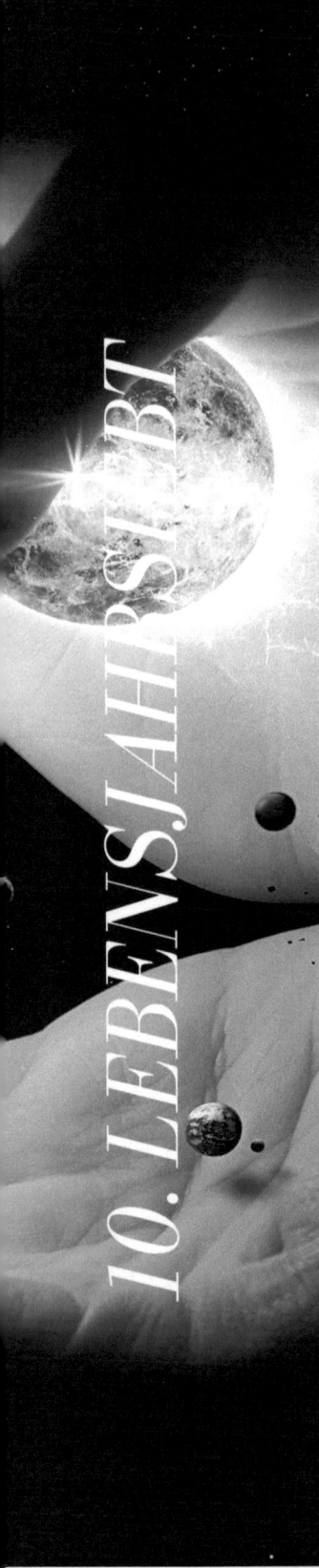

GESCHICHTEN
EINWEIHUNGSFRAGEN

Was war das schönste Ereignis in deinem bisherigen Leben?

Was war das furchtbarste Ereignis in deinem bisherigen Leben?

Was war dein größter Fehler und was hast du daraus gelernt?

Was ist dein größter Erfolg?

MEINE BISHERIGE LEBENSGESCHICHTE

DER VISIONÄR

11. LEBENSJAHRSIEBT - 70. - 77. LEBENSJAHRSIEBT

So wie die Jüngsten in ihrem ersten Lebensjahrsiebt, so öffnen sich die Kanäle zur anderen Seite wieder vermehrt im 11. Lebensjahrsiebt. Die Zeit kommt, wo man die Inkarnation verlässt und wieder hinüberwechselt auf die andere Seite. In diesem Lebensjahrsiebt macht man sich bereit für den "großen Wechsel". In Lemurien hat man bewusst mit der Seele den Körper verlassen und ist hinübergewechselt. Es gab keinen Kampf mit dem Tod, keine Krankheiten, keine körperlichen Gebrechen. Niemand musste sich um dich kümmern oder dich pflegen. Ich weiß, dass ist schwer vorstellbar, sieht unsere Welt doch heute so anders aus, haben wir doch so ein anderes Lebenskonzept, kämpfen mit vielen Krankheiten und körperlichen Gebrechen.

Der Tod machte in der lemurischen Gesellschaft keine Angst. Er war eingebunden im natürlichen Lebenskonzept und wurde in der Regel im 77. Lebensjahr vollzogen.

In diesem letzten Lebensjahrsiebt bereitete man sich auf die große Reise vor, empfing Visionen und Botschaften für die Gemeinschaft von der anderen Seite und war somit eine Quelle der tiefen Weisheit aus der göttlichen Quelle. Ob man alleine oder im Kreis der Seelengemeinschaft hinüberwechseln wollte, entschied jede Seele für sich selbst. Doch ihre Inkarnation wurde über die Geschichten geehrt und lebendig gehalten.

DER GROSSE ÜBERGANG

11. LEBENSJAHRSIEBT

Wie fühlst du dich mit dem Wissen um deine Sterblichkeit?

Wie möchtest du sterben?

Was glaubst du, kommt nach dem Tod?

Macht der Tod dir Angst? Warum? Oder warum nicht?

MEIN GROßER ÜBERGANG

CREATIVE ART PAGE

Ich

bin

verbunden

mit

Allem

was

ist

GESCHENKE

AUS LEMURIEN

DIE WOHL FRIEDLICHSTE ENERGIE

Jede Alte Seelen Hochkultur hält Seelen-Geschenke für alle anderen Hochkulturen bereit, wenn sie denn offen dafür sind, diese anzunehmen. Doch aus diesem Grunde haben wir ja einst das Projekt "Atlantis" gemacht. Um unser Wissen, unsere spirituellen Erkenntnisse, unseren Weg durch das Leben zu teilen.

So kannst du, gleichgültig, ob Alte Seele oder nicht, gleichgültig, ob du ein Lemurianer bist oder nicht, aus Lemurien großartige Geschenke für deine Seelen-Entwicklung erhalten, wenn du bereit bist, dich dafür zu öffnen.

Viele großartige Seelen-Geschenke hast du schon in den Verbindungstipps kennen gelernt. Auf der nachfolgenden Seite habe ich dir nochmal eine kleine Auswahl von lemuriansichen Seelen-geschenken aufgelistet, die für dich wertvoll sein können, besonders in unserer Zeit. Lemurien kann dich mit der Energie des Friedens verbinden, mit der Sanftheit, mit der Muse, dein Leben kreativ zu gestalten und auch deinen Lebensweg selbst als ein Kunstwerk anzusehen, an dem wir in jedem Augenblick unseres Seins arbeiten. Sie erinnern uns daran, dass das, was zählt, die Erinnerungen sind und nicht der Besitz von Dingen. Sie zeigen uns auf, wie Seelengemeinschaft gelebt werden kann, in der es jedem Mitglied gut geht. Großartige Lemurische Geschenke warten auf dich.

Seelengeschenke aus

Lemurien

1. tiefe Dankbarkeit für das Leben

2. Kreativität

3. dem Leben einen Sinn geben

4. im Flow sein

5. Sanftheit

6. Frieden

7. Muse haben

8. Seelengemeinschaft

9. Wertschätzung allem gegenüber

10. Kunst

Dein ganz persönliches Geschenk aus Lemurien

GESCHENKE

AN LEMURIEN

SICH IN DER WELT ZURECHT FINDEN

Wenn wir einen Lemurianer in unserem Umfeld haben, z.B. als Kind, als Eltern, Partner, Freunde usw. können wir viele kleine, einfache Dinge tun, damit sie sich nicht so verloren fühlen in dieser ihnen eigentlich so wesensfremden Struktur unserer Gesellschaft. Gerade lemurische Urseelen wirken oft verträumt, abwesend, kommen mit Schuldruck oder anderweitigem Druck nicht wirklich gut klar. Auch das Konzept Geld, oder sich selbst vermarkten, ist ihnen fremd.

Um es vorneweg zu nehmen, es geht jetzt nicht darum, Abhängigkeiten zu schaffen, sondern Inspiration zu sein, Türen zu öffnen und deine Gaben, aus deiner Hochkultur oder wenn du auch aus Lemurien bist, das, was du gelernt hast, frei mit einem Lemurianer zu teilen. In erster Linie ist es natürlich, ihre Kunst zu schätzen und wenn du es dir leisten kannst, ihre Kunst zu einem fairen Preis zu kaufen oder sogar, wenn du viel Geld hast, ein Mäzen zu sein. Wenn ein Lemurianer sich keine Sorgen um das Geld machen muss, dann kann er großartige Kunst erschaffen. Manchmal braucht ein Lemurier auch einen Manager, der sich um all die weltlichen Dinge kümmert, das fängt schon beim Rechnung bezahlen an. Das gilt auch für Beziehungen. Energetisch können Lemurianer Streit, negative Energie, Unehrlichkeit nicht gut ertragen. Es verunsichert ihre sowieso schon sanfte Seelenenergie sehr.

DER SCHUTZ EINES LEMURIERS

EIN JEDER GIBT IN DIE BEZIEHUNG, WAS ER AM BESTEN KANN

Gerade als Eltern, aber auch als Partner, geht es nicht darum "zu erziehen", sondern sanfte Wege aufzuzeigen, wie ein Lemurianer sich in der Welt zurechtfinden kann und trotzdem seinen wundervollen zarten, künstlerischen Wesenskern behalten kann. Tatsächlich brauchen Lemurianer dafür ganz oft eine starke, schützende Persönlichkeit an ihrer Seite, um z.B. weltlichen Erfolg verkraften zu können. Immer wieder tragische Selbstmorde von großen Künstlern zeigen uns, dass sie gewissermaßen alleine gelassen wurden in einem Haifischbecken, in dem sie nicht alleine zurechtkommen. Also, hast du so ein Kind oder Partner oder Freund, dann lass sie nicht allein. Hier bieten sich übrigens hervorragend Borealis oder Jamatai Menschen an. Sie sind stark, haben unfassbar große energetische Kraft und können so die zarte Energie eines Lemurianers schützen, damit er nicht untergeht.

Wie gesagt, es geht hier nicht um Abhängigkeiten, sondern um eine gesunde Symbiose, in der jeder in die Beziehung das hineingibt, was er am besten kann. Und deine Kinder oder dein Partner sind nicht umsonst zu dir gekommen. Es geht niemals darum, einen Lemurianer abzuhärten, sondern ihm Wege zu zeigen, wie er mit seiner wundervollen, sanften Energie sich ein erfülltes Leben aufbauen kann.

Seelengeschenke für

Lemurien

1.   ihre Kunst wertschätzen

2.   Muse/Mäzen sein

3.   Ziele erreichen

4.   finanzielle Freiheit

5.   energetischer Schutz

6.   Freundschaft

7.   sich in dieser Welt zurecht finden

8.   andere Zugänge zum Göttlichen

9.   Stärke

10.   zuverlässige Gemeinschaft

Dein ganz persönliches Geschenk an Lemurien

FESTE

DER LEMURIER

JEDER AUGENBLICK IST EIN FEST

Wenn man eintaucht in die Qualitäten der einzelnen Alte Seelen Hochkulturen, dann gibt es so manche, die es lieben, Feste zu feiern, wie Avalon z.B.

Die lemurische Urkultur hatte keine besonderen Feste im Laufe eines Jahres oder Lebens. Man feierte nicht den Geburtstag, nicht die Sonnenwende, nicht die Ernte usw.

Für die Lemurier war das Leben selbst ein Fest. Jeder Lebensaugenblick war ein Fest. Man feierte das Leben beständig und drückte es aus durch die eigene Wertschätzung und Dankbarkeit an das Göttliche, die Natur, die Gaben, die man bekommen hat usw. In allem, was man tat, brachte man Achtsamkeit hinein. Es war alles besonders.

Daher brauchte es auch keine Tage im Jahr, die besonders gefeiert werden mussten.

Es bedurfte keiner besonderen Zeit, in der die Gemeinschaft zusammen- kam, denn sie war ja sowieso immer zusammen, immer verbunden. Man traf sich jeden Abend im Kreis, tauschte sich aus, erzählte Geschichten, sang, musizierte, während einige dabei ihrem Handwerk nachgingen, die Kinder spielten, die Alten sich unterhielten.

Jeder Tag war ein Fest. Das macht Lemurien wieder einmal so besonders und so besonders berührend.

Das Leben selbst als ein Fest zu brachten, ist sicherlich eine Gabe, die wir von ihnen lernen dürfen.

VERBINDUNG ZUM GÖTTLICHEN

BETEN

Jede Alte Seelen Hochkultur hat ihre Art und Weise entwickelt, wie sie mit ihrer Vorstellung vom Göttlichen oder der Urquelle in Kontakt treten kann. Einige machten Rituale, brachten Opfergaben, meditierten usw.
Lemurianer beteten. Somit könnte man sagen, dass die lemurianische Kultur die Ur-Mutter des Gebetes ist. Das war die Art und Weise, wie ein Lemurianer mit dem Göttlichen in Verbindung trat.
Es gab aber keine vorgefertigten Gebete, so wie das "Vater Unser". Ein lemurianisches Gebet war immer eine persönliche Zwiesprache mit dem Göttlichen.

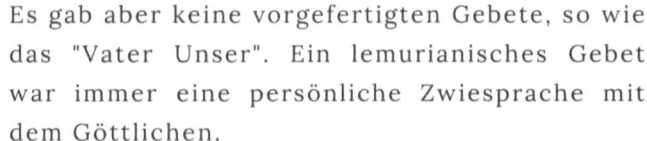

Sehr oft waren es Dankgebete oder Gebete mit der Bitte, den Weg klar zu weisen oder die nächsten Schritte klar erkennen zu lassen. Es waren keine Gebete mit der Bitte, irgendetwas abzunehmen. Die Lemurianer wussten, dass die Gestaltung des Lebens in der eigenen Hand lag, doch manchmal war es hilfreich, Inspiration von der göttlichen Quelle zu erhalten.

Um zu beten, brauchte es kein besonderes Gebäude oder eine besondere Haltung. Man betete während eines Spazierganges durch die Natur, während man vor seinem Kunstwerk saß. Gebete entstanden aus dem Moment heraus und waren immer individuell und persönlich.

MEIN PERSÖNLICHES GEBET

CREATIVE ART PAGE

LEMURIEN

WO DU DIE ENERGIE HEUTE NOCH FINDEN KANNST

DIE ENERGIE VON LEMURIEN

Ein Gefühl von der Urenergie Lemuriens auf energetischer Ebene kannst du heute noch sehr gut auf den hawaiianischen Inseln und auf den kanarischen Inseln bekommen.

Natürlich gilt es hier, jenseits des touristischen Trubels dir die Zeit zu nehmen, wirklich auf einer anderen Ebene die Energie von Zeit und Raum zu erfassen. Dann fühlst du die unfassbare wundervolle Energie Lemuriens, die einen zur Ruhe bringen kann, die Sanftheit spüren lässt. Es ist wie Balsam für die Seele, die einen nährt und energetisch ausgleicht.

Das ist sicherlich auch einer der vielen Gründe, warum diese Inseln weltweit so beliebt sind und viele Menschen dorthin reisen. Die Seele nährt sich dort, empfängt die lemurische Energie.

Aber bitte auch hier kann es sein, dass du z.B. die lemurische Energie eher auf Mallorca oder auf Bali fühlst. Es gibt hier kein richtig oder falsch. Die Verbindung findet da statt, wo sie stattfindet. Doch eher wird es wohl in wärmeren Gefilden sein, als hoch im Norden.

Ich persönlich habe die Energie ganz stark auf Gran Canaria gefühlt, einer meiner ersten Toröffner zu den Alte Seelen Hochkulturen.

Letztendlich kannst du dich von überall mit der lemurischen Energie und ihren Geschenken für deine Seelen-Entfaltung verbinden.

DANKE

FÜR DEINE ZEIT UND DEIN VERTRAUEN

Alles, was ich hier mit dir in diesem Büchlein an Wissen geteilt habe, entspringt meinen Erinnerungen, gepaart mit dem Eintauchen in die Akasha Chronik bzw. Weltenbibliothek.

Ich erhebe keinesfalls Anspruch auf die völlige Wahrheit. Ich weiß, dass wir alle immer nur einen Teil der Wahrheit sehen und erfassen können und nur zusammen erstellen wir dann ein großartiges Bild der Erinnerung und des Wissens.

Also nimm bitte meine Worte immer nur als Inspiration, um deine eigenen Kanäle der Erinnerung und des Wissen zu öffnen. Vielleicht hast du die lemurianische Energie ganz anders wahrgenommen, vielleicht gibt es für dich noch ganz andere Aspekte, die dir wichtig sind. Dann mach dich auf den Weg, verbinde dich mit Lemurien und hole von dort deine Seelen-Schätze, die dir jetzt für deinen Lebensweg wichtig sind.

Du bist frei, jederzeit selbst Kontakt zu dieser wundervollen Kultur aufzunehmen.

Ich danke dir für deine Zeit und dein Vertrauen, welches du mir auf der Reise nach Lemurien hier geschenkt hast.

Wenn du tiefer einsteigen möchtest in "Atlantis & die 13 Hochkulturen" dann komm in meine wundervolle Seelengruppe auf www.patreon.com/soulsis.

Ich freue mich auf dich, deine Jennifer

www.urvertrauen.de

Lemurien

ALTE SEELEN REIHE

Ich lebe meinen wahren
Seelenplan.
Ich bin der Künstler
meines Lebens

SCAN ME

Kleine Seelen-Inspirationen

Soul-

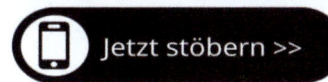
Jetzt stöbern >>

Für dich selbst und deine
Lieblingsmenschen
Seelen Bücher von Jennifer Weidmann
auf www.urvertrauen.de / amazon /bod
und in allen Buchhandlungen

INTUITION

Habe ich schon	Brauche ich noch für mich	Verschenke ich an

SELBST WIRKSAMKEIT

Habe ich schon	Brauche ich noch für mich	Verschenke ich an

SELBST BEWUSSTSEIN

Habe ich schon	Brauche ich noch für mich	Verschenke ich an

PHOENIX PROZESS

Habe ich schon	Brauche ich noch für mich	Verschenke ich an

INANNA EIN WEIBLICHER EINWEIHUNGSWEG

Habe ich schon	Brauche ich noch für mich	Verschenke ich an